노년의 자유를 꿈꾼다면 챌린저가 되어야 한다!

슬로 에이징 에이지
Slow Aging Age

노년의 자유를 꿈꾼다면 챌린저가 되어야 한다!

슬로 에이징 에이지(Slow Aging Age)

초판 1쇄 인쇄 2024년 12월 19일
초판 1쇄 발행 2024년 12월 31일

지은이 이은진

발행인 백유미 조영석

발행처 (주)라온아시아
주소 서울특별시 서초구 방배로 180 스파크플러스 3F

등록 2016년 7월 5일 제 2016-000141호
전화 070-7600-8230   **팩스** 070-4754-2473

값 18,500원
ISBN 979-11-6958-137-0 (13190)

라온북은 독자 여러분의 소중한 원고를 기다리고 있습니다. (raonbook@raonasia.co.kr)

노년의 자유를 꿈꾼다면 챌린저가 되어야 한다!

슬로 에이징 에이지
SLOW AGING AGE

이은진 지음

70대
베테랑 카약커
송도 왕누님의
인생 멘토링

액티브 시니어 60의 기술,
에이징 역행자로 살아가는 노하우

후회는 늦추고, 꿈은 10배 더 빨리 이루는
슈퍼 에이저(Super Ager)의 비결을 알아보자!

RAON
BOOK

RAON
BOOK

무엇을 하며 100세 인생을 즐기고
행복하게 살아갈 것인가?

두 번째 책을 계획하면서 많은 것을 고민했다. 망설임도 있었다. 그러나 그런 망설임을 뿌리치고 지금까지 나를 사랑하고 멘토가 되기를 원하는 독자들에게 도전과 힘을 주기로 했다. 모두가 액티브 시니어가 되기를 바라는 마음으로 내 인생을 기준 삼아 이 책에서 그 기술들을 풀어나갔다.

어릴 적 어른들에게 자주 들었던 말이 있다. "세월은 유수 같다."라는 말이다.

아마 당신도 한두 번쯤은 들어보았을 말이다.

그런데 지금 내가 그 말을 할 때가 되었다. 지나고 보니 참으로 빠른 세월이었다는 고백을 하게 된다. 그렇다면 흘러가는 세월 앞에 우리는 어떻게 살아야 지난 세월을 잘 살았다고 고백할 수 있을까?

지금은 100세 시대라고 모두 말하고 있고 직접 경험하고 있다. 아직도 내 부모가, 내 이웃이 100세를 바라보며 생존하고 있는 것을 보면서 '과연 오래 사는 것이 축복일까? 아니면 저주일까?'라는 의문을 던져본다.

이제는 자식과 노후를 함께하는 시대를 맞으면서 60을 바라보는 젊은이들에게 100세까지 행복하고 건강하게 살아가는 기술을 익히기를 바라는 마음으로《1% 도전의 행복! 챌린지》출간 후 독자들의 후원으로 다시 이 책을 집필하기로 했다.

이제 세상은 변하고 있다. 의술의 발달, 과학의 발달로 인공지능 시대에 접어들어 사람이 아닌 로봇으로 대체되는 시점에서, 과연 내가 무엇을 하며 100세 인생을 즐기고 행복하게 살아갈 것인가를 한 번쯤은 생각하며 내일을 준비하는 자가 되어야 할 것이다. 젊음이 향상 내 곁에 있어 주지 않는다. 그럼 지금 당장 여러분들이 해야 할 것은 무엇일까? 무엇을 준비하고 무엇을 줄이며 생활해야 하는지를 우리는 시대의 변화, 환경을 통해 익히고 적응해야 할 때라고 말하고 싶다.

필자는 9남매의 막내로 태어났다. 내가 태어난 시대는 헐벗고 굶주리는 시대였다. 시골 농촌 9남매의 막내란, 존재가치조차 없던 시대였다. 살아남기 위해 무던히도 애쓰며 살았던 지난 과거는 지금 나에게 도전과 생활의 원동력이 되어 만나고 싶은 시니어 1위로 바쁜 하루하루를 지내며 행복의 아이콘 전도사로 만들어 주었다.

나를 보는 많은 사람은 나에게 질문한다. "나도 그 나이에 멘토처럼 살 수 있을까요?"라고 묻는다. 내 대답은 항상 "예스"다. 오늘이 미래를 만들듯 모든 것은 꾸준함에서 온다. 나는 매일 새벽 자전거와 카약을 타며 하루를 시작한다. 미래를 위해 근육을 저축한다. 그리고 독서를 통해 삶의 방향을 그려가고 있다.

이제는 취미로 시작한 것들이 수입으로 연결되어 경제적인 것에도 보탬이 되고 있다.

그럼, 액티브 시니어로 살기 위한 기술은 무엇일까? 바로 생활 속에 비밀이 있다. 책에서 말하겠지만, 이 책을 읽은 독자라면 여러분의 미래는 여러분이 상상하는 것보다 더 건강하고 행복한 시니어로 살아갈 것이다.

멋진 세상 행복한 미래를 향해 한 걸음씩 달려가 보자.

액티브 시니어로 모두가 박수받는 그날을 위하여 지금부터 60대, 더 나아가 100세를 준비할 때 건강한 시니어로 자기만의 아름다운 세상을 꿈꾸며 행복한 미소로 미래를 반기게 될 것이다. 이 책을 읽는 모든 분들이 행복한 액티브 시니어가 되어 만나길 소망하며, 끝으로 감사의 인사를 드린다.

2024년 12월 19일

저자 이 은 진

PART.2

노장의 나이에 세상을 변화시킨 인생의 현자들

PART. 3

인생의 현자가 알려주는 멋지게 나이 드는
삶의 5가지 테크닉

Chapter.1 슬로 에이징을 위한 미래 구축법

Chapter.2 슬로 에이징을 위한 경제 관리법

Chapter. 3 슬로 에이징의 필요조건, 건강

Chapter. 4 슬로 에이징을 위한 풍요로운 관계 형성

Chapter. 5 슬로 에이징을 위한 나만의 성장 노하우

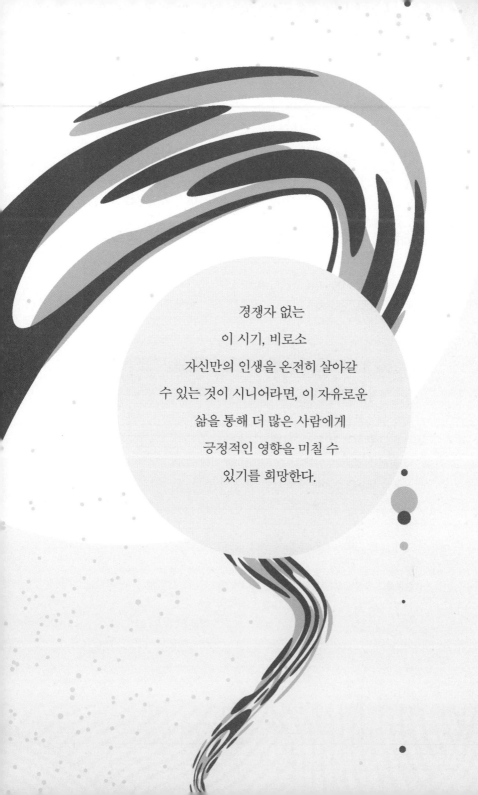

경쟁자 없는
이 시기, 비로소
자신만의 인생을 온전히 살아갈
수 있는 것이 시니어라면, 이 자유로운
삶을 통해 더 많은 사람에게
긍정적인 영향을 미칠 수
있기를 희망한다.

Part.1

왜 60부터
진짜 인생인가?

청바지 입은 60대 '슈퍼 에이지'가 온다

우리나라는 지금 고령사회 시대에 진입한 상태다. 통계청에 따르면 대한민국은 2000년에 65세 이상 인구 비율이 7%를 넘으면서 이미 고령화 사회로 진입했다. 이후 2017년에 65세 이상 인구 비율이 14%를 넘으면서 고령사회로 진입했고, 향후 예측에 따르면 2025년쯤에는 65세 이상 인구 비율이 20%를 넘는 초고령 사회에 진입할 것으로 예상된다.

고령화 사회가 되면서 대한민국은 '슈퍼 에이지' 시대가 펼쳐졌다. '슈퍼 에이지'란 인구의 20%가 65세 이상이 되는 현상인 '초고령화' 시대를 뜻하는 말이다. 슈퍼 에이지란 단어는 인구통계학자 브래들리 셔먼이 만든 말이다. 이 단어에는 노인들이 세상을 지배할 강력한 소비 세대가 될 것이라는 의미가 담겼다.

슈퍼 에이지를 제대로 대비하기 위해서는 우리의 인식을 바꿔야 한다는 것이 셔먼의 주장이다. 그는 노인 경제를 뜻하는 '엘더노믹스'를 강조하면서 세 가지 대안을 제시했다.

첫째로, "노년 측이 주체가 되는 취업과 소비 등을 유도해 위기를 기회로 바꾸자."라는 것이고, **둘째**로, 연금 은퇴 나이를 상향 조정하고, 65세라는 근로 수명을 연장해 노인들을 더 오래 일하자는 것, **마지막**으로 기업들도 노년층을 대상으로 의료와 함께 서비스업을 성장시켜야 한다는 대안을 제시하고 있다.

또한 그의 《슈퍼 에이지 이펙트》 중 슈퍼 에이지 구성원이 공유해야 할 바람직한 집단적 신념은 지역, 종교, 피부색을 가리지 않고 우리 사회의 가장 나이 많은 사람과 가장 나이 어린 사람이 똑같이 가치 있는 존재로 인정받는 세상을 만들어나가야 한다는 내용이 새롭게 다가왔다.

우리나라에는 아름다운 사계절이 있다. 그중 봄은 우리에게 긴 겨울을 지내고 새로운 희망과 용기를 주는 계절이다. 추운 겨울 찬바람과 된서리를 이겨내고 얼굴을 내미는 꽃과 새싹들은 연약해 보이지만 절대 연약하지 않은 강함이 그 속에 있다. 아마도 청바지를 입은 60대의 모습도 찬바람을 이겨낸 연약한 듯 연약하지 않은 봄꽃의 모습을 닮지 않았을까?

60대가 되어 빨강 티셔츠를 입고 있다면 어떤 모습으로 비칠 수 있을까? '개성 있다'라는 표현이 적절할 것이다. 지난 60년 인생 한 바퀴를 돌면서 자기 성장을 위하여, 그리고 책임감을 위하여 열심히 달려온 지난 사계절을 60번이나 지나면서 많은 것을 경험했다. 어쩌면 인생의 진짜 새봄을 맞이하는 나이가 60이다. 경험하지 않고 지났던 봄의 계절이 아니라 지금까지 준비하고 경험을 바탕으로 즐길 수 있는 아름다운 새봄이 되는 것이다. 지난 시간을 겨울이라고 표현한다면, 견디고 준비하며 다시 한번 아름다운 꽃을 피워보겠다는 절박함과 꿈이 있는 한 그들의 인생은 완연한 봄이 아닐까? 그래서 청바지 입은 60대 슈퍼 에이지의 모습은 더 깊고 우아하고 멋있는 사람으로 보일 것이다. 똑같이 세월이 흘러 나이를 먹고 슈퍼 에이지가 되어야 한다면 나이를 먹어가며 지는 삶이라고 한탄하는 인생보다, 젊고 멋있고, 개성 있는 청바지 입는 60대로 살아가는 액티브 시니어가 되어 보자.

내가 존경하는 지인 중에 정년퇴직하신 교수님이 계신다. 그분은 청바지를 자주 입으시는 편이다. 하루는 청바지에 빨강 티셔츠를 입고 빨강 스포츠카를 타고 오셨다. 그때 교수님 연세가 60대 후반이셨다. 지금으로부터 20여 년 전의 이야기라 그 당시 우리나라 문화로는 조금 생소하게 느껴졌다.

교수님은 독일 유학 시절 크리스마스이브날, 트리가 아름다운 산속 카페에 갔는데, 어느 머리가 흰 노장이 청바지에 빨강 셔츠, 빨강 스포츠카를 타고 올라와 맥주를 드시는 여유로운 모습을 보며 감동을 받았다고 말씀하셨다. 같은 남자로서 너무 멋있었다는 말씀을 하시면서 나도 저런 모습으로 인생을 살아가겠노라고 다짐하셨다고 했다.

그 후 교수님께서는 살면서 그날의 감동을 간직한 채 조금씩 현실화시키게 되었다고 말씀해 주셨다. 나는 그 이야기를 들으면서 많은 것들을 생각해 보게 되었다. 나도 내가 노년이 되었을 때 교수님처럼 후배들 중 누군가가 내 여유 있는 노년의 인생을 꿈으로 삼아 비전이 생길 수 있는 삶을 산다면 참 행복하겠노라고 생각하며 살아오게 되었다.

마침내 나는 멋진 60대를 그리면서 말하고, 생각하며 살았더니 60이 훌쩍 넘은 나이에도 청치마가 어울리는 사람으로 살고 있다. 매 순간 모든 것에 감사하며 삶을 긍정하며 살려고 노력했다. 또한, 원하는 것이 있다면 망설이지 않고 즉시 도전한 결과, 슈퍼 에이지 시대에 어울리는 액티브 시니어로 불리고 있다. 나는 단지 겉모습만을 보고 이야기하는 것은 아니다. 아무나 청바지를 입을 수 있는 자신감은 없다. 모든 것은 거기에 알맞은 내적, 외적의 단단함이 갖춰질 때 아우라가 나올 수 있는 것이다.

우리가 잘 알고 있는 유명인 중 청바지가 잘 어울렸던 사람은 스티브 잡스가 있다.

그는 애플에서 출시된 새로운 제품을 설명하는 자리에 항상 청바지와 검정 터틀넥, 그리고 뉴발란스 운동화를 신고 나왔다. 이 세 가지 아이템은 그의 트레이드마크 룩으로 유명하다. 그는 주로 제품 발표회나 공개 행사에서 자신만의 스타일을 고수했다고 한다. 나 또한 그가 중요 자리에서 다른 옷을 입은 것을 보지 못했다. 그렇듯 청바지 스타일은 어쩌면 '직관적 심플함'을 추구하는 그의 경영 철학과도 맞닿아 있다고 볼 수 있다. 이는 그가 단순함 속에서 아름다움과 실용성을 찾았던 사람이라는 것을 여실히 보여준 것이라고 볼 수 있다.

그렇다면 청바지가 잘 어울리는 슈퍼 에이지가 되려면 어떤 포인트를 잘 활용해야 할까?

첫째, 체형에 맞는 청바지를 찾는 것이 중요하다.

청바지에도 여러 가지 디자인이 있다. 예를 들어, 슬림핏, 스트레이트 핏, 부츠컷 등 다양한 스타일 중 자신에게 잘 맞는 것이 중요하다.

둘째, 자신감이다.

옷을 입는 사람의 자신감이 있어야 한다. 청바지를 입고 스티브 잡스처럼 자신감 있게 행동하는 사람이 더 잘 어울리게 보일 것이다.

셋째, 스타일링이다.

청바지를 어떻게 스타일링 하느냐도 중요하다. 상의, 신발, 액세서리 등을 잘 매치하면 더 멋스럽고 보일 것이다.

네 번째, 적절한 길이와 크기다.

청바지는 길이와 크기가 맞아야 한다. 너무 길거나, 너무 큰 거나, 짧거나, 작은 청바지는 불편하고 어울리지 않는다.

이외에도 개인의 스타일, 취향, 청바지의 색상이나 디자인 등 여러 요소가 어울림을 결정한다. 주요한 것은 자신에게 맞는 스타일을 찾아 편안함을 느낄 수 있어야 가장 잘 어울리는 청바지라 할 수 있다.

이렇게 청바지를 놓고 이야기하는 것은 청바지가 젊음의 에너지를 연상할 수 있게 해 주기 때문이다. 청바지를 입은 60대야말로 활동력 있고 에너지 넘치는 액티브 시니어가 될 수 있는 표본이기에 청바지를 입는 모습을 한 가지 예로 들어본 것이다.

앞으로 여러분 앞에 펼쳐질 수밖에 없는 시간 속에서 좀 더 멋있는 시니어로 살아가기를 바란다면 준비는 필수이다. 운동을 통한 몸매 가꾸기, 음식을 통한 건강 지키기, 성장을 위한 자기 계발은 60을 바라보는 4, 50대에게 선택이 아닌 필수 과목이 되었다. 과거가 어떻든 중요하지 않다. 모든 것은 지금부터다. 오늘부터다. 당신부터다.

이 책에 나와 있는 기품 있게 나이 드는 슈퍼 에이지가 되는 방식들을 잘 이수하여 행복한 60대 새로운 봄을 맞는다면 여러분은 액티브 시니어가 되어 많은 사람이 부러워하는 삶을 살 것이다. "시작은 반이다"라는 말처럼 시작해야 끝도 있다. 지금부터 나와 함께 파이팅하며 시작해 보자.

아직도 리즈 시절
그리워하세요?

　인생을 살아가는 동안 누구나 각자의 리즈 시절이 있다. 젊음을 뽐내며 인기가 최고조에 있을 땐 무서울 것이 없다. 사람들은 종종 행복했던 리즈 시절을 떠올리며 그때가 좋았다는 표현을 한다. 누구에게나 전성기는 있다.

　리즈라는 말은 축구에서 먼저 시작되었다. 나는 '축구 선수'하면 차범근 선수가 생각난다. 아마도 연령대가 있는 사람이라면 그를 모르는 사람이 없을 것이다. 또한 산소탱크라는 별명처럼 지치지 않는 체력을 가졌던 박지성 선수가 생각난다.

　2002년 월드컵 포르투갈전에서 박지성 선수가 볼을 넣고 히딩크 감독에게 달려가 안기는 모습은 명장면 중의 명장면이었다. 그때 전 국민이 열광하며 대한민국을 외쳤던 일은 아마도 우리의 기억 속에 잊을 수 없는 한 장면이다. 지금은 손흥민 선수가 그 열기를 이어가며 손흥민 열풍이 불고 있다. 이렇게 운동선수, 유명인들도 그들의 리즈 시절이 있듯, 인생을 살아가는 모든 사람도 각자의 전성기가 있다.

많은 사람들은 정작 전성기 때는 다 느껴보지 못한 채 세월이 지난 후에 그때가 좋았다고 생각하며 살아가곤 한다. 모든 것은 지나고 나면 아름다워지고 소중해진다. 태양은 동쪽에서 떠서 서쪽으로 진다. 지고 있는 일몰을 보며 사람들은 아름답다고 말한다. 붉게 물들어 있는 석양을 감탄하며 바라보기도 한다. 지는 석양은 정오에 한참 동안 비추었던 강렬함을 숨긴 채 따스함과 부드러움으로 붉게 물들게 된다. 떠오르는 태양과 지는 석양을 떠올려 보니 우리 인생이 이와 같지 않은가 하는 생각이 인다.

바야흐로 100세 시대다. 이제는 아무렇지도 않게 인생은 60부터라는 말을 한다. 인생 1막이 60까지라면 2막은 60 이후의 삶이라고 하자. 태어나서 자기 삶이 아닌 부모를 위한 삶, 가족을 위한 삶을 살면서 가족과 사회에 봉사하는 시기는 정오에 비치는 태양처럼 사는 시기다. 60 인생 가까이 그런 삶을 살았다면, 이제는 인생 2막을 시작으로 진정한 자신의 아름다움을 가꾸며 살 수 있는 새로운 인생이 도래했다. 이제 나를 위해 석양

같은 인생을 살아가 보자.

진정한 자신의 모습을 찾으면서 하고 싶었던 것들을 하나씩 도전하다 보면 그 경험에서 오는 성취감을 통해 살아있다는 자신감이 생기고 아름답게 물든 석양처럼 인생의 감동이 나를 감쌀 때가 있다. 이제 당신도 새로운 제2의 인생을 색칠해 보자. 석양을 보기 위해 높은 산과 바닷가를 찾듯이 아름다움에 물들어 있는 당신을 찾아오도록 인생 2막을 여러분이 원하는 대로 색칠해 보는 것은 보람 있는 일인 동시 가장 행복해지는 방법일 것이다.

나는 매년 나이를 먹을 때마다 내 나이가 좋았다. 매일 새로운 도전들로 새로운 나를 만나는 것이 설레기도 하고 기대가 되었기 때문이다. 단 하루라도 어제와 똑같은 시간을 사는 나로 남고 싶지 않아서 인생의 문제를 풀어가고 있는 수험생처럼 인생을 살아왔다. 그래서일까? 나에게는 특별히 떠올릴 만한 전성기가 없다. 매 순간 현재를 전성기처럼 살아가고 있기 때문이다.

필자도 60까지는 내가 아닌 가족을 돌보는 삶에 최선을 다했다. 혼자 아이들을 양육해야 한다는 무거운 책임감이 가득했다. 다른 생각은 할 여유가 없었다. 자식에 대한 책임감, 생활에 대한 책임감, 미래에 대한 생각들은 마라톤 선수처럼 앞만 보고 달리게 했다. 옆에 무엇이 있는지 누가 있는지 바라볼 시간과 여유가 없었다. 오직 목표 지점만 생각했다. 지금도 그렇다. 내가 선택한 것을 위하여 목표만 보고 있다.

하나의 예로 지금 하고 있는 카약이 그렇다. 카약을 시작한 지 벌써 5년째가 되었다. 나는 국가대표급은 아니지만, 선수용 카약인 k1 스프린트 카약을 탄 지도 4년째다. 오랜 시간 카약을 타고 있지만 여전히 나보다 나이 어린 선수들처럼 타는 것은 쉬운 일이 아니다. 그러나 그렇다고 좌절하거나 포기하지 않는다. 나는 목표를 세우면 항상 그 목표를 이룰 때까지 시도했다.

나의 전성기는 지금도 현재 진행형이기에 지난날을 그리워하며 감상에 젖어 있을 시간이 없다. 당신의 시간은 어떠한가? 지난 시절 전성기를 그리워하며 오늘의 삶을 원망하고 있지는 않은가? 아니면 새로운 전성기를 만들기 위해 내 삶을 갈아 넣고 있는가?

강렬했던 태양도 서서히 자기의 강함을 부드럽고 아름다움으로 바꿔가며 하루를 마무리하듯 당신의 인생도 지난 전성기만을 그리워할 것이 아니라, 새로운 전성기를 만들며 아름답게 물들어 가보면 어떨까? 육십이 되면 그 속에는 강함도 있고, 부드러움도 있고, 경험과 지혜도 담긴다. 오늘 이 시간까지 당신의 인생 모두가 녹아있다는 사실을 기억하며, 이 책에 나온 제2의 인생을 성장시키는 기술들을 익히고 실천하는 당신이 되어 함께 100세 시대 주역이 되는 '액티브 시니어'로 성장하기를 응원한다.

가짜 나이
VS 진짜 나이 구별법

누구나 어렸을 때는 빨리 어른이 되고 싶었을 것이다. 나 역시 그랬다. 그래서 실제 나이보다 더 올려 말할 때가 있었다. 그러나 세월이 흘러 어른이 되고 난 후 60세가 넘으면서 나이보다 적게 말하기도 한다. 왜 그럴까? 젊음을 유지하고 싶은 마음에서 일 것이다.

요즘은 의학의 발달과 꾸준히 자신의 외적인 모습을 가꾸는 사람들이 많아지다 보니 외모만 보고 그 사람의 나이를 가늠하기 어렵다. 그만큼 시대도 사람의 생각도 환경도 바뀌어 가고 있다. 요즘은 60대에도 청년으로 사는 사람들을 많이 볼 수 있다. 외모뿐만 아니라 생체나이도 건강하다. 또한, 정부에서도 시니어의 활동 나이를 연장하는 것을 볼 수 있다. 인생의 전성기는 보통 40~50대라고 한다. 이 시기는 개인의 인생에서도 중요한 시기라고 볼 수 있다. 그 이유는 다음과 같다.

1. **성숙함과 안전감** : 40~50대를 지나 60대는 인생의 많은 도전을 겪으면서 얻은 지혜와 성숙함을 가지고 있다. 이러한 성숙함은 사람들에게 안정감과 신뢰를 준다.

2. **성공의 시기** : 이 시기는 많은 사람이 직장이나 개인적인 성취에서 도전을 통하여 중요한 위치에 서게 된다. 사회적으로나 직업적으로 성공하면 부러움의 대상이 되기 때문이다.

3. **외모와 건강관리** : 지금은 나이를 먹어도 젊고 건강하게 보이는 사람들이 많다. 운동과 건강관리, 패션에 신경을 쓰는 사람들은 멋있는 외모를 유지할 수 있고 사람들의 본보기가 되기 때문이다.

4. **균형 잡힌 생활** : 40~50대에 일과 가정, 취미에 대하여 균형을 잘 잡고 생활한다면 60을 바라보는 당신은 모든 사람의 부러운 대상이 될 것이다.

준비는 닥쳤을 때 하는 것이 아니라 내가 가장 잘나갈 때 해야 한다. '유비무환'이라는 사자성어가 있다. 있을 때 없을 것을 준비하라는 말처럼 우리는 모든 면에서 준비해야 한다. 재정도, 건강도, 인간관계도, 취미생활도 미리 준비하면, 액티브 시니어로 다른 사람들이 부러워하는 인생이 되어, 100세 시대의 주인공이 될 것이다.

• • • • 그렇다면, 진짜 나이는 어떻게 구분할까?

물론 우리가 말하는 주민등록상 기재된 나이를 실제 나이라고 말할 수 있다. 그러나 그것은 통상적으로 진짜 나이라고 말할 수 없다. 노년기에 접어든 사람들은 마음만은 청춘이라고 말한다. 그러나 그에 따른 행동은 멈춰있는 것을 볼 수 있다. 마음만 청춘이다. 청춘의 마음은 있지만 실제로는 누군가에게 의지하려는 성향이 있다. 외모와 나이 때의 일관성도 없다. 마음은 청춘인데 외모는 나이보다 훨씬 들어 보인다. 사회적 말투도 다르다. 그렇다면 진짜 나이는 어느 것일까?

그것은 주민등록 나이가 아닌, 지금 그가 어떻게 생활하고 활동하며 누구와 어울리며 무슨 생각을 하는지를 보면 알 수 있게 된다. 이런 것들이야말로 나이는 숫자에 불과하다는 것을 실제로 증명하는 것이 아닌가 싶다. 젊게 살기 위해 우리는 쉬지 않고 자기 계발과 도전을 지속해야 한다. "멈추면 죽고 움직이면 산다."라는 것을 명심하고 계속 움직이는 존재가 되어야 한다.

그렇게 될 때 비로소 주민등록상의 나이가 아닌, 이 시대에 살고 있는 진짜 나이로 살게 되는 것이다. 가장 나답게 천천히 나이 드는 기술들을 익혀 내가 살아가고 싶은 진짜 나이로 살아가보자. 살고 싶은 진짜 나이로 살기 위한 수칙을 점검해보자.

첫째, 건강관리

1. 규칙적인 운동을 하고 있는가?

걷기(심혈관 운동), 수영, 자전거 타기(근력운동), 가벼운 근력운동, 요가 등등으로 신체의 유연성, 근력, 체력을 유지하는 것이나.

2. 균형 잡힌 식단을 유지하고 있는가?

충분한 영양소 섭취와 칼로리 조절을 통해 체중 관리와 항산화제가 풍부한 식품을 섭취하여 노화 속도를 늦추는 것이다.

3. 정기적인 건강검진을 받고 있는가?

질병을 예방하기 위해서는 정기적인 건강검진도 필요하다.

둘째, 지속적인 배움

1. 새로운 기술 습득 : 컴퓨터, 스마트폰 활용법, 새로운 언어, 악기 연주 등으로 두뇌를 자극하고 호기심을 유지하는 것이 중요하다.

2. 독서와 퍼즐 : 책을 읽거나, 크로스 워드 퍼즐, 같은 뇌 훈련 게임을 통해 두뇌활동을 유지해야 한다.

필자는 새롭게 시작한 도전이 있다. 혼자 노는 힘을 기르기 위하여 최근 퍼즐을 시작했다. 가볍게 시작하려고 했는데 마음의 욕심이 생겨 처음부터 1000피스를 시작했다. 처음엔 머리가 아플 만큼 어려웠다. 중간에 포기하고 싶은 생각도 했다. 그러나 그때마다 하나하나 맞추면서 나 자신을 시험하기로 선택했다. 인내의 시간을 통해 마지막 퍼즐을 맞출 때의 기분은 정말 기뻤다. 포기하지 않으면 할 수 있다는 것을 다시 확인하는 시간이 되기도 했다.

사회적 관계 유지

1. 커뮤니티 참여 : 지역 사회의 동호회, 자원봉사, 교회나 종교 단체에 참가하여 사람들과의 교류를 지속한다. 인간은 사회적 동물이다. 혼자서는 건강한 삶을 살아가기 어렵다. 여러 사람과 어울리며 활동을 통해 서로의 필요를 충족시킬 존재감을 느낄 수 있고 행복하다.

2. 가족과의 시간 : 가족 간의 시간은 함께 시간을 보내는 것 이상의 깊은 의미가 있다. 이는 세대 간의 지혜와 경험을 전수하고 정서적 안정과 사랑을 나누며 서로를 이해하고 소통하는 기

회를 준다. 따라서 자녀와 손주들과 함께 보내는 시간은 무엇보다 소중하며, 이러한 시간을 잘 활용하는 것이 가족 모두에게 큰 행복과 의미를 가져다줄 것이다.

취미와 여가 활동

1. 새로운 취미 개발 : 여행, 사진, 요리, 운동 등 새로운 것을 찾아 즐기며, 삶의 활력을 유지해야 한다.

2. 자원봉사 : 사회에 이바지할 수 있는 자원봉사 활동에 참여하면 의미 있는 시간 활용과 동시에 성취감을 느낄 수 있다.

재정적 안정성 유지

1. 재정 계획 수립 : 은퇴 후에도 재정적인 안정을 위해 은퇴 자금을 효율적으로 관리하고, 필요하면 재취업이나 시간제를 생각해서 재정을 안정적으로 유지해야 한다.

이러한 기술과 방법들은 60대에도 활기차고 건강한 생활을 이어갈 수 있으며, 나이와 상관없이 삶의 질을 높일 수 있다. 60대 이후 진짜 나이는 주민등록 나이가 아닌 생활의 나이라고 볼 수 있다.

'라테 효과'보다 좋은
'나 어때 효과'

'라테'란 커피에 우유를 섞어서 마시는 음료로 이탈리아에서
시작되어 전 세계 어디를 가도 주문할 수 있는 인기 있는 메뉴
다. 라테에는 바닐라 라테, 캐러멜 라테, 녹차 라테, 모카 라테,
모카커피 라테 등 다양한 향과 맛을 가진 메뉴들이 있다.

커피는 연구결과 다양한 건강 효능이 있다고 발표되었다. 물
론 너무 과하지 않을 때 이야기다. 커피의 건강 효능으로는 이런
것들이 있다.

1. 항산화 효과
2. 인지 기능 효과
3. 신체 성능 효과

4. 대사 촉진 효과

5. 간 건강 효과

6. 당뇨병 예방효과

7. 우울증 효과

8. 심장 효과

9. 파킨슨 예방효과

이처럼 신진대사를 촉진하고 각종 질병이 발생하는 위험을 줄이는 데 효과가 있다고 말한다.

또한, 라테에 들어가는 우유 역시 건강 효능이 있는데, 구체적인 효능은 다음과 같다.

1. 뼈 건강

2. 단백질 공급

3. 비타민, 미네랄 함유

4. 심장 건강

5. 체중관리

6. 근육 회복

7. 피부 건강

8. 소화 건강

9. 면역력 강화

이처럼 많은 도움이 되지만 주의점도 있다. 유당 불내증이나 알레르기가 있는 사람은 우유 섭취에 주의해야 한다.

지금까지 라테의 효과들을 이야기했다. 효과란 사전적 의미로, 어떤 목적을 지닌 행위로 드러나는 좋은 결과를 이야기한다. 라테가 가지고 있는 효과는 여러 가지로 우리에게 유익을 주고 있다. 무심코 주문해서 마셨던 라테였는데 가치를 알고 마시니 몸의 반응도 달라지고 있음을 느낀다.

내가 좋아하는 라테는 카페라테다. 커피와 우유가 섞인 카페라테를 한 모금씩 마시다 보면 부드러움에 어느샌가 빠져든 나를 발견하곤 한다.

왜 많은 사람이 카페라테를 좋아할까? 커피의 쓴맛을 우유가 중화시켜 주며 특유의 부드러움을 선사해 주니 두 가지 맛의 환상적 조화에 압도당할 때가 많다.

천천히 느리고 멋지게 나이 드는 기술을 습득하기 위해서는 카페라테처럼 두 가지의 매력을 가져야 한다.

지난날 잘나가던 70이 넘은 지인으로부터 전화가 한 통 왔다. 안부 전화였지만 실제로는 자기의 신세 한탄이었다. 자신이 좀 더 젊었을 때 지혜롭게 대처했더라면 하는 후회의 이야기였다. 결론은 자신이 젊은 시절 투자했던 것들이 복리로 돌아오지 않아 힘들다는 것이었다.

34

나는 지인과 이야기를 나누는 중 중요한 한 가지를 깨달았다. 노년의 생활에서 경제와 건강이 채워져 있지 않으면 행복하지 않다는 것을 실감하게 된 것이다. 지인이 열심히 투자했던 부동산은 움직이지 않는 자산이라 쓰고 싶을 때 언제든 쓸 수 없다는 단점을 갖고 있다. 우리는 지혜롭게 인생 후반전을 준비하지 않으면 막상 그 시기가 닥쳤을 때 후회할 것이다. 투자를 할 때 노년을 대비하여 언제든 현금 전환이 잘될 수 있는 것들도 함께 투자해야 할 것이다. 그것이 인생 2막을 준비하며, 새로운 인생의 봄을 준비하는 사람들의 모습이 되어야 한다.

인생을 살다 보니 라테 효과보다 더 좋은 효과가 하나 있다. 그것은 바로 '나 어때?' 효과다. 필자는 약속이 잡히면 외출을 준비하면서 만나는 사람과 장소에 맞는 옷차림을 하려고 노력한다. 옷을 고르면서 여러 가지를 생각하며 거울 앞에 서본다. 그리고 딸에게 물어본다. "나 어때?"라고 물으면 딸에게 돌아오는 대답은 "괜찮아. 그런데 화장이 안 어울리네" 하며 약간의 수정을 시켜준다. 누군가와의 만남이나 모임의 분위기를 읽는다는 것도 우리가 지켜야 할 하나의 예의라고 본다.

"나 어때?"라는 질문은 단순한 질문처럼 보이지만 그 속에는 복잡한 감정과 생각이 담겨있다고 생각한다. 때론 사람들은 자신을 돌아보며 다른 사람의 시선에서 나를 평가하게 된다. 그러나 중요한 것은 다른 사람의 시선이 아니라 나 자신이 느끼는 자존감이다. 자신이 원하는 모습, 그리고 자신을 사랑하는 방법을 아는 것이 진짜 자존감이라고 볼 수 있다.

이제 당신도 순간순간마다 자기 자신을 사랑하며 부드럽게 질문할 수 있어야 한다.

행복한 노년을 위해서는 라테 효과만큼 강력한 '나 어때?' 효과의 달인이 되어야 한다.

오늘도 나는 멋진 미팅 한 건을 준비하며 여러 가지 의상을 대보며 딸에게 묻는다.

"나, 어때?"

"엄마 최고야! 잘 어울려!"

역시 나를 나답게 만드는 멋진 질문이다.

당신은 어떤 존재로 보이길 원하는가? 그런 모습대로 살기 위해 인생 후반전을 준비하고 있는가? 무엇보다 중요한 것은 나를 있는 그대로 인정하며 "나 어때?"라는 말을 큰소리로 외쳐보자. 그때 비로소 진정한 '나 어때?' 효과가 발휘되기 시작할 것이다.

내 이름은
왕누님

언제부터인가 나에게 재미있는 별명 하나가 생겼다. 카약을 타는 젊은 친구들이 나를 "왕누님"이라고 부르기 시작했다. 왠지 모르겠지만 나는 그 별명이 좋다. 70이 되어 얻은 새로운 이름대로 이제 인생 선배로서 본이 되기 위해 오늘도 나는 왕누님다운 도전을 하며 생활하고 있다.

우리나라 말에 "40대가 되면 자기 얼굴에 책임져야 한다."라는 이야기가 있다. 그리고 지금 세상에서 인생은 60부터라고 말하고 있다. 60부터는 진짜 자신을 위해 살아가는 나이가 되었다는 것이다. 그렇다면 우리는 준비해야 한다. 언제부터 하면 좋을까? 빠르면 빠를수록 좋겠지만 늦어도 50부터 60까지는 준비하는 기술을 익히고 성장을 위해 투자해야 한다.

투자란 여러 분야가 있다. 지난날 많은 사람들은 오직 자식과 부동산 투자만을 생각하며 쌈짓돈을 저축했다. 다른 모든 것을 희생하며 그 한 가지에만 매달리며 살았던 시대가 있었다. 그러나 지금은 시대가 완전히 변했다. 세상이 지구촌으로 바뀌면서 언제든 가고 싶은 나라를 여행할 수 있게 되었고, 심지어 살고 싶은 나라의 문화를 익힌 후 각지에서 원하는 곳으로 떠나는 사람들도 많아지고 있다. 이제 개성 시대가 된 것이다. 각자의 취미와 생활 방식이 실시간으로 바뀌고 있다.

또한 가족 중심에서 개인 중심으로 바뀐 지 벌써 오래되었다. 젊은 날에 온 정성을 다하여 투자했던 자식도 자기 혼자 살기조차 빡빡한 시대가 되어 부모를 돌아볼 여유가 적은 시대가 되어 가고 있다. 나는 최근 상영된 〈소풍〉이라는 영화를 아들과 함께 관람했다. 그 영화는 내게 많은 것을 생각하게 했다. 제목에서도 느낄 수 있겠지만, 인생이란 나그네로 잠시 머물다가 갈 소풍 같은 시간이다.

그러나 지난날 우리 부모님들은 모두가 한결같이 자식에게 투자하며 집중했다. 결국, 노년을 보내면서 그 쓸쓸함과 외로움은 아무도 채울 수 없다는 것을 알고 마지막 길을 가는 우리들의 어머니 모습을 마주해야 했다. 이 영화를 보고 난 후 많은 젊은 친구들이 함께 보고 깨닫는 시간을 가졌으면 좋겠다는 바람이 생겼다. 그들의 미래도 준비하지 않으면 외롭고 쓸쓸할 수 있다는 것을 기억해야 한다.

어린 날 소풍은 무조건 즐겁고 행복한 날이라고 생각했다. 나에게 소풍날은 어머님이 싸주시는 김밥과 찐 달걀을 먹을 수 있는 특별한 날이었다. 지금은 소풍을 기다리는 설렘도 사라지고 있다. 그러나 매 순간 젊게 살아가기 위해서는 항상 기쁘고 설레며 살아갈 수 있는 시간을 만들어야 한다.

인생에서 진짜 소풍의 시간은 바로 60부터다. 그렇다면 소풍날 아침 김밥 도시락을 싸기 위해 준비하는 과정이 필요했던 것처럼 인생의 소풍날을 위해 도시락 재료들을 준비해야 한다. 그것이 바로 성장을 위한 투자와 노력이다. 50부터는 행복한 인생길을 가기 위해 자기 자신을 돌보며 여러 가지의 저축이 필요하다. 혼자 살아가는 힘을 키우는 것이다.

나는 뒤늦게 진정한 나를 찾았다. 살아오는 동안 굴곡이 많아 환경적으로 어려웠다. 일찍이 한 가정의 가장이 되어 아이들을 양육해야 하는 책임도 있었다. 각 분야에서 안 해본 일이 없을 정도로 열심히 하루하루를 충실하게 살면서 감사만은 잃지 않고 살았다. 뒤돌아 생각해 보니 지난 시간이 나에게는 매 순간 스승으로서 가르침의 시간이었다.

세상 모든 것에는 공짜가 없다. 내 인생을 보니 그렇다. **앞이 보이지 않는 시간 앞에서도 꿋꿋이 생활한 결과, 지금은 가장 닮고 싶은 '왕누님'이라는 닉네임이 붙었고, 그 이름이 나를 행복하게 존재하게 한다.**

오늘도 여전히 이른 새벽 자전거와 카약을 탄다. 하루를 시작하는 나의 생활 루틴이다. 자전거 15km, 카약 8km를 타기 위해 소요되는 시간은 약 3시간 정도다. 겨울만 빼고 매일 하는 이 운동은 나에게 왕누님이라는 이름을 선물로 준 원동력이 되었다. 코로나로 인하여 모두가 집에 머무르고 있을 때 나는 카약을 만나게 되었다. 실외 운동으로는 가장 적당한 운동이라고 생각했다.

마침 집 근처 카약 선수들이 연습하는 수로가 있었다. 나는 그곳의 계신 감독님을 찾아가 선수들이 타는 배를 타고 싶다고 했다. 아무 준비도 없이 대뜸 선수들이 타는 배를 타고 싶다고 들이대자 감독님께 돌아오는 대답은 "NO"였다. 가장 큰 이유는 나이가 많아 위험하다는 것이었다. 선수용 배는 일명 'k1스프린트'라고 하며 굉장히 좁은 배라 공중에서 외줄 타는 것과 같아서 물에서 익숙해지기까지 수없이 빠져야 하는데, 만약 심장마비라도 오면 당신이 책임질 수 없다는 이유였다.

그러나 나는 포기하지 않고 내 인생의 마지막 소원이라고 간청했다. 나의 간절한 요청을 끝내 거절할 수 없었던 감독님은 마침내 허락하셨고, 그 이후부터 나는 물에 빠졌을 때 대처하는 훈련을 시작으로 하루도 빠지지 않고 나와 싸움을 했다. 내가 물에 빠지는 횟수를 기록한 결과 620번까지 기록하고 멈추었다. 기록을 멈추게 된 이유는 아마도 이제는 물에 빠지고 싶지 않은 마음이 커져서였던 것 같다.

그렇게 4년이 지난 지금은 새로운 신입 친구들을 가르칠 수 있는 국가고시 생활지도사 자격증 소지자가 되었고 카약을 체험하고자 하는 사람들을 가르칠 수 있는 지도사가 되었다.

이제는 전국 어디를 가도 나를 모르는 카약커는 없다. 감사하게도 많은 방송에서 잘나가는 시니어 카약커 왕누님으로 소개되어 무려 20번 가까이 방송도 출연할 수 있었다. 또한 나의 첫 저서 《1% 도전의 행복! 챌린지》 작가로 세상에 나를 알릴 수 있게 되었다.

나를 보고 카약을 시작한 사람들도 많이 있다. 30대부터 60대까지 나는 그들의 롤 모델이 되고 있다. 운동뿐 아니라 독서를 통해서 자기 계발 및 책 쓰기를 정복했고, 지금은 미술을 알고 설명할 수 있는 디렉터 공부를 하고 있다.

액티브 시니어로 살기 위해서는 시대 변화의 흐름을 느끼는 공부를 꾸준히 해야 한다. 그래야 나보다 젊은 친구들과도 편하게 소통하며 함께 성장해 나갈 수 있다. 내가 어울리는 친구들의 나이는 보통 30~60대다. 모두가 각 분야에서 자신만의 전문직을 갖고 있다. 그들과 어울리려면 먼저 그들이 하는 일들을 이해하고 있어야 한다. 다 같은 취미와 일을 하고 있지는 않지만, 하고자 하는 활동들이 같아지면 소통이 가능해지고 함께할 수 있는 일들이 많아진다.

하나의 예로 나는 프리다이빙을 즐겨 한다. 그곳에는 2, 30대가 많다. 때론 4, 50대도 있지만 내 나이는 찾아보기 힘들다. 그러나 나는 그곳에서도 누구에게도 뒤처지지 않는 멋진 몸매와 기술을 배우며 마음껏 즐기고 있다. 나와 가장 친한 친구는 내 나이의 반 토막인 친구다. 가끔은 이런 생각을 한다. 성장하기를, 아니 도전하기를 두려워했다면 지금 내가 누리는 이 모든 환경이 찾아왔을까? 당연히 "NO"라고 대답한다. 인생의 결과는 뿌린 대로 거두는 진리가 성립되기 때문이다. 오늘도 누구는 멋진 60대를 준비하는 사람도 있을 것이고 그렇지 않은 사람도 있을 것이다. 당연히 준비한 자는 시대에 적응하며 100세를 살아가는 멋진 액티브 시니어로 살아갈 것이다.

나는 항상 내 나이가 좋았다. 그리고 여전히 지금 할 수 있는 것들이 많아 행복하다. 내일을 생각하면 늘 설렌다. 애인을 기다리는 것처럼 다가오는 내일은 나에게 무엇을 선물할지 늘 궁금한 마음으로 살아가고 있다. 선물 포장을 풀 때 설레는 마음으로 그리고 내일을 위하여 오늘 주어진 일들을 감사하는 마음으로 하루를 보내면서 살아가고 있다.

또한, 내 이름은 왕 누님으로서 모두를 포용할 수 있는 나이, 자아가 넘침이 없는 나이로서 마땅히 《논어》의 "칠십종심소욕불유구(七十而從心所欲不踰矩 : 일흔 살이 되어 내 마음이 하고자 하는 바를 따라도 법도에 어긋남이 없었다)"라는 말을 가슴속에 다시 새겨 본다. 이 멋진 나이를 준비하는 당신에게 부탁하고 싶다. 오십의 나이 지천명(知天命)을 알고 이순(耳順)의 나이 육십을 준비하는 멋진 인생을 살아가기를 부탁한다.

그렇다면 '왕누님'인 내가 살아온 인생을 바탕으로 앞으로 어떻게 살아가는 것이 올바른 삶인가를 생각하며 몇 가지 인생 규칙을 적어본다.

1. **끊임없이 배우고 성장한다** : 나이와 상관없이 새로운 것을 배우고 도전하며, 그 과정에서 얻는 지혜를 나누면서 생활하자.

2. **경청하고 공감한다** : 왕누님이라고 해서 항상 조언만 하는 것은 아니다. 때로는 그저 들어주고 공감하는 능력을 키우

자.

3. **긍정적인 영향력 행사한다** : 자신의 행동과 말이 다른 이
   들에게 미치는 영향을 항상 의식하며, 긍정적인 변화를 끌
   어내도록 노력한다.

4. **균형 잡힌 삶을 살도록 노력한다** : 개인으로서의 모든 것
   에 균형을 잃지 않도록 주의할 것이다.

5. **겸손함을 유지한다** : 왕누님이라는 호칭에 교만해지지 않
   고, 항상 배우는 자세를 잃지 않는다.

이 다섯 가지는 나를 비롯한 시니어들 모두 지켜야 할 원칙이
라고 본다.

경쟁자 없는 이 시기, 비로소 자신만의 인생을 온전히 살아갈
수 있는 것이 시니어라면, 이 자유로운 삶을 통해 더 많은 사람
에게 긍정적인 영향을 미칠 수 있기를 희망한다.

나 또한 한 명의 액티브 시니어로서 여러분과 함께 이 여정을
걸어가고 싶다.

대한민국 챌린지 열풍을
꿈꾸는 이유

대한민국에서 도전 열풍이 일어나는 이유는 여러 가지 사회적, 문화적, 심리적 요인이 복합적으로 작용한 결과라고 본다. 도전, 즉, 특정 행동이나 목표를 달성하기 위해 시도하는 일련의 행위가 사람들 사이에서 인기를 끄는 이유는 다음과 같다.

1. 자기표현의 성취감

- **자아실현** : 사람들은 자신의 능력을 증명하거나 새로운 목표를 달성함으로 성취감을 느끼고 있다. 도전은 자신을 표현할 수 있는 최고의 기회이며, 이러한 과정에서 자아를 실현하는 경험을 나눌 수 있다.

- **사회적으로부터 인정** : 도전을 성공적으로 수행하면 주변

으로부터 인정과 칭찬을 받는다. 이는 개인의 자존감을 높이고, 더 큰 도전을 할 수 있는 원동력을 가지게 된다.

2. 연대감과 소속

- **공유된 경험** : 많은 사람이 동시에 참여하는 도전을 통해 사회적 연결성을 느끼게 된다. 이를 통해 비슷한 관심사나 목표를 공유해 서로 공감대를 형성하고, 연대감을 강화할 수 있다.
- **커뮤니티 형성** : 챌린지를 통해 비슷한 관심사나 목표를 가진 사람이 모이게 되며, 이를 통해 새로운 커뮤니티가 형성된다. 이 과정에서 사람들은 소속감을 느끼고, 지속적인 참여를 하게 된다.

3. 소셜 미디어의 영향

- **입소문 효과** : 소셜 미디어는 도전이 빠르게 확산하는 데 중요한 역할을 한다. 사람들이 자신의 도전을 온라인에 공유함으로 도전은 더 많은 사람에게 전파되고, 새로운 사람들이 모이게 된다.
- **콘텐츠 소비와 제작** : 사람들은 다른 사람들의 도전을 보면서 자극을 받기도 한다. 또한, 비슷한 콘텐츠를 제작하여 공유하고 싶어 한다. 이러한 것들은 관심 있는 사람들에게 즐거움을 주는 것이다.

4. 사회적 변화와 방향

- **자기 계발 방향** : 현대 사회에서 자기 계발과 자기 계발의 중요한 가치로 자리 잡으면서, 도전은 이러한 방향에 맞물려 더욱 확산하고 있다. 자신을 발전시키고 새로운 것을 시도하는 것이 사회적으로 긍정적인 평가를 받기 때문이다.

- **긍정적인 메시지 확산** : 도전이 사회적 메시지를 담고 있으며, 이를 통해 사회적 인식을 높이거나 변화를 촉진하려는 목적이 있다. 이러한 메시지 확산이 도전의 열풍이 일어나고 있는 결과이다.

5. 팬데믹 이후의 변화

- **비대면 활동의 증가** : 코로나19 팬데믹 이후 사람들은 비대면으로 참여할 수 있는 활동을 찾게 되었다. 도전은 이러한 요구에 맞아 더욱 인기를 끌게 되었다. 그리고 많은 사람이 참여하여 활동하고 있다.

- **심리적 위안** : 어려운 시기에 도전을 통하여 자신을 끌어내고, 성취감을 느끼며, 다른 사람들과의 연결을 유지하려는 심리가 작용하였다고 볼 수 있다.

이러한 이유로 인해 대한민국에서는 도전 열풍이 일어나고 있으며, 개인의 성취감, 사회적 연결, 그리고 문화적 방향과 결합하여 강력한 영향력을 발휘하고 있다. 필자도 코로나19 이후 도전을 통하여 많은 것이 변했다. 짧은 시간이었지만 많은 것들에 도전했다. 그 결과 지금은 TV와 신문에서 잘나가는 액티브 시니어로 슈퍼 에이저라는 호칭이 나를 따라다니고 있다. 앞으로도 더 많은 도전을 생각하고 있다.

모든 것은 처음이 어렵고 두렵다. 한 가지에 성공하면 다른 것들도 함께 성공할 수 있는 것을 볼 수 있다. 모든 것을 다 잘할 필요는 없다고 생각한다. 내가 가장 원하는 것이 무엇인지를 알고, 노후까지 할 수 있는 것이 무엇인지를 파악한 후 시작해야 몸의 무리 없이 끝까지 갈 수 있다.

필자가 도전한 것들은 다음과 같은 것들이 있다.

카약, 그중 스프린트 K1를 도전하여 타고 있다

어렵다. 지금도 쉽지는 않다. 700번 가까이 물에 빠졌다. 그러나 그것을 타는 순간 지난 어려웠던 생각이나 힘들었던 시간을 견디고 온 나에게 감사하다고, "수고했어"라고 스스로에게 칭찬을 하게 된다.

국가고시 생활체육 지도사 자격증에 도전, 합격

그 또한, 어려웠다. 젊은 친구들만 있는 수험장에서 사회, 윤리, 심리, 체육사, 교육학의 다섯 과목 100문제를 100분 안에 다 풀어야 하는 긴박했던 시간은 지금도 나를 긴장하게 한다. 도전을 통한 이러한 순간까지도 나는 나를 사랑하게 되었다.

프리다이빙을 할 수 있는 자격증도 합격!

중력을 거스를 수 없는 인간의 육체가 가장 자유로워질 수 있는 공간은 물이다. '프리'라는 단어가 붙는 것만큼 세상 유쾌한 것이 있을까? 나는 그 유쾌함을 물속에서 얻었다. 수면에서 카약을 타며 속도의 유쾌함을 얻은 것만큼, 물속에서도 중력을 거스르며 내 몸의 자유로움을 만끽하게 해준 것이 바로 프리다이버 자격증이다.

요트를 운전할 수 있는 소형 선박 조종사 자격증 획득

함께하는 친구들과 요트를 운전하며 바다를 나갈 때는 정말 부러운 것이 없는 나만의 세상에 있는 것 같다. 이것 또한 도전의 결과다.

아직도 나의 도전은 멈추지 않고 있다. 스쿠버 다이빙에 도전하고 있다. 깊은 바다를 구경하고 싶은 마음이다. 또한, 구경만 하고 있던 그림에도 도전하고 있다. 좀 더 깊은 작가의 메시지를 알고 싶어 공부하고 있다. 이제는 궁금하거나, 알고 싶은 것이 있으면 즉시 도전한다. 하루 24시간 주어진 선물을 매일매일 감사하며 받고 잘 사용하는 것이 그것이 내가 살아가는 이유다. 끊임없는 도전을 통해 변화된 내 모습을 몇 가지 적어본다.

1. 도전을 두려워하지 않게 되었다.
2. 새로운 도전도 할 수 있다는 자신감이 생겼다.
3. 도전이 주위 환경을 바꿔줬다.
4. 도전을 통하여 함께하는 사람들이 바뀌었다.
5. 그리고 건강한 몸과 정신을 갖게 되었다.
6. 모든 생활에 감사하며 긍정적인 사고를 지니고 있다.

이렇듯 도전을 통하여 변화된 삶과 생활은 액티브 시니어로 살아가는 지금 이 순간들을 풍성하고 행복하게 만들어 준다. 내 주위에 많은 사람이 내 삶을 부러워하고 있다. 그 차이의 원인은 내가 계속해서 도전을 했고, 그들은 멈추어 있었다는 것에 있다. 도전을 통해 이루어 가다 보면 삶과 생활을 전반적으로 윤택하게 한다. 좀더 나은 삶을 살아가기 위해서는 준비하고 도전하는 '액티브 시니어'가 되어 모두의 본보기가 되고 부러워하는 길을 선택해서 보여주어야 한다.

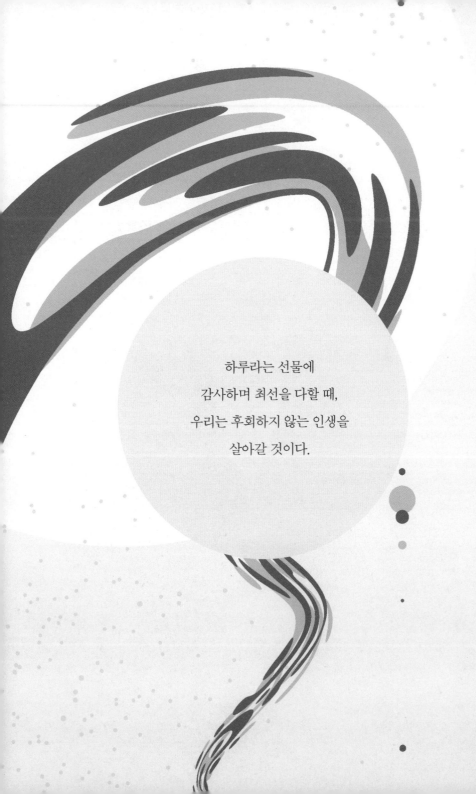

하루라는 선물에
감사하며 최선을 다할 때,
우리는 후회하지 않는 인생을
살아갈 것이다.

PART.2

노장의 나이에
세상을 변화시킨
인생의 현자들

백 년의 지혜,
김형석 교수

    김형석 교수님을 한 번도 직접 만난 적은 없다. 그러나 책과 TV를 통하여 그분은 나의 스승이 되었다. 김형석 교수님과 한 시대를 함께 살아가고 있다는 것이 영광이다.

    〈백 년을 살아보니〉라는 인터뷰에서 사회자가 질문했다. "지금까지 건강을 유지할 수 있는 비결이 무엇입니까?"라는 질문에 교수님의 대답은 다음과 같았다.

    "지금까지 일하며 그 일들을 사랑했습니다. 일에서 일로 가니 즐거워졌고, 즐거우니 행복하고 풍요로워졌습니다."

대답은 너무 간단했다. 누구나 따라 할 수 있을 것 같은 대답이다. 그러나 100세가 넘도록 일을 한다는 것은 어려운 일이다. 2024년도인 현재 105세의 연세에도 아직 강연과 집필을 하고 계시며 100세 시대를 바라보고 있는 후배들을 위하여 먼저 가보신 길을 알려주고 있다. 그렇다면 한번 그분이 살아가는 방식을 따라가 보자.

김형석 교수님은 연세대 철학과 명예교수시다. 1920년, 평안남도 대동에서 태어나셨다. 이 시대의 가장 어려운 시기를 다 견디고 사신, 살아 계신 산증인이시다. 전 세계 유명한 분 중 장수한 분들을 다 찾아봐도 김형석 교수님보다 건강하게 현직에서 계신 분을 찾지 못했다. 그분의 정정함은 경이롭기까지 하다. 50이후 건강 때문에 하던 일을 멈추거나 쉰 적이 없다는 그분의 말씀은 놀라지 않을 수 없었다. 그분의 여러 가지가 궁금해졌다. 105세까지 건강한 김형석 교수의 비결은 무엇일까?

1. 규칙적인 생활습관을 들 수 있다. 많은 건강한 사람들과 성공한 사람들의 공통점은 생활습관을 꼽을 수 있듯이 교수님의 생활습관 역시 규칙적이다.
- 아침 6 시 기상, 스트레칭으로 하루를 시작한다.
- 아침 식사는 항상 같은 것으로 식사(채소, 호박죽, 우유, 달걀, 과일), 매일 변화 없는 식사로 위에 부담을 주지 않을 만큼 한

다.

- 운동은 하루 한 시간 걷기와 일주일 두 번 수영으로 일을 위해 건강을 지키기 위하여 운동을 한다.
- 일과를 마무리하면서 일기를 50년 가까이 쓰며, 2년 전 오늘 1년 전 오늘의 생활과 활동한 것을 비교하며 지금도 성장을 위해 자기 성찰과 공부를 한다.

이처럼 규칙적인 생활습관을 4~50년을 계속하시면서 일과 함께 살아오셨다는 교수님의 이야기는 감동 그 자체였다. 그분의 규칙적인 생활은 모든 것은 뿌린 대로 거둔다는 진리를 다시 한번 새기게 한다.

2. 삶과 행복

김형석 교수님이 말하는 행복은 다음과 같다.

'행복이란?' 물질이 아닌 다른 사람을 위하여 살아갈 때 오는 것이라고 한다. 많은 성공한 사람들을 만났지만 우리가 부러워하는 물질에 행복이 있다고 하는 사람은 극히 적다. 물질보다 가치나 보람이 느껴질 때 그들의 삶에서 보람을 느끼며 행복하다고 말하는 것을 종종 볼 수 있다. 그렇듯 가치 있는 삶을 살아가는 것이 보람된 삶이고 행복한 삶이라고 그는 말하고 있다.

그의 강연이나 인터뷰에서 자주 나오는 인물이 있다. 우리도 알고 있는 윤동주 시인이다. 중학교 3학년 시절 같은 반으로서 함께 공부했던 윤동주는 비록 인생은 짧게 살았지만, 마음속에 남아있는 가치는 지금까지 오래 산 자기보다 훨씬 가치 있는 삶을 산 사람 중의 한 사람이라고 말씀하시며 그와 어릴 적 나누었던 대화를 이야기하신다.

윤동주 시인은 천상 시인이었고, 깨끗하고, 질투나 원망을 하지 않았다고 한다. 나 또한 윤동주 시인의 시를 내 마음속에 심어 놓았던 것들이 여럿 있다. 그중 대표적인 시를 암송하면서 내 인생의 길을 그려보곤 한다. 그중 윤동주 님의 명시 중 하나인 〈서시〉를 소개하려 한다.

〈서시〉
　　- 윤동주

죽는 날까지 하늘을 우러러
한 점 부끄럼이 없기를,
잎새에 이는 바람에도
나는 괴로워했다.
별을 노래하는 마음으로
모든 죽어가는 것을 사랑해야지
그리고 나한테 주어진 길을
걸어가야겠다.

시대적으로 어렵지만, 그의 정신은 누구보다도 건강하고 아름답다는 표현을 감히 해본다. 비록 짧은 인생을 살고 가셨지만, 후배들은 영원히 그의 시를 통해서 기억하며 살아갈 것이다. 부끄럽지 않은 인생을 살 것을 다짐하면서 말이다.

김형석 교수님께서 정의 내린 건강이란 육체적인 것만 아니라 신체적, 정신적, 인간적, 건강이 진정한 건강이고, 성실한 인격, 희생하는 사랑이 함께 있어야 한다고 말씀하신다. 또한 시간을 낭비하지 않으려면 60 이후에도 계속 자기 발전을 위하여 공부해야 한다고 하시며 젊은 친구들에게는 할 수 있는 일들이 너무 많으니 시간을 낭비하는 일이 없도록 하라는 당부의 말도 있다.

필자는 김형석 명예교수님의 생활 철학을 새겨 보며 그가 만들고 가신 인생의 길을 따라가야겠다고 다짐했다. 그의 삶을 보고 느끼고 닮아갈 수 있다는 것은 우리에게 큰 축복이다. 100세 시대라고 하지만 김형석 교수님처럼 건강하게 아직도 일과 자기 철학을 말씀하시면서 살아가고 계신 분은 찾아보기 힘들다.

60의 기술을 익히고 액티브 시니어가 되고 싶은 모든 4, 50대에게 말하고 싶다. 지금부터 당장 시작하자. 우리도 100세가 되는 그날에 김형석 교수님처럼 "100세를 살아보니 이것이 인생입니다."라고 고백하며, 건강한 100세 인생의 주인공이 되어보자.

배우의 롤 모델,
신영균 영화배우

지금도 기억나는 영화 한 편이 있다. 그 영화의 제목은 이름도 강렬한 〈빨간 마후라〉이다. 어린 마음에 빨간 머플러를 목에 걸고 주인공인 영화배우 신영균 씨가 비행하는 모습은 60년 지난 지금도 참 멋있었다는 생각을 하게 한다. 세월이 지나 그분의 소식은 내 마음을 울컥하게 한다. 정말 멋있게 그의 인생을 닮고 싶다는 생각이 들었다. 아마도 영화를 보지 못한 세대들도 그분의 소식을 듣고 필자와 같은 생각을 했을 것 같다.

그분은 1928년생으로 우리 나이로 97세이시다. 100세 시대라는 말이 어울릴 정도로 아직도 정정하시고 멋있는 분이다. 그는 황해도 평산에서 태어난 실향민이다. 아버지는 일찍 여의고 어머니와 함께 서울로 와서 서울에서 자랐다. 고등학교 졸업 후 여러 가지 일을 하다가 다시 공부해서 서울대학교 치과대학을 지원, 합격했다.

그러던 중 마음속에 있는 연극의 열정이 다시 일어나 32살에 반대하는 가족을 간신히 설득하고 늦은 나이로 영화에 출연하여 지명도가 높아졌고, 이어지는 영화들이 대성공을 거두면서 당대의 최고의 배우가 되었다. 어린 마음에 찾아왔던 〈빨간 마후라〉의 주인공이었던 신영균 씨는 지금까지 영화뿐만 아니라 인생의 주인공으로서 많은 사람의 본보기가 되고 있다.

그의 인터뷰 장면에서 마주한 모습은 정말 멋져 보였다. 노장으로서 당당함은 물론 멋진 미소와 옷차림까지 누구도 범접할 수 없는 포스를 느끼게 했다. 수백 원의 재산을 후배들의 양성과 사회에 환원하고 이 세상 떠날 때는 성경책 하나만 가져가겠다는 그의 말만큼 우리 가슴에 불을 지피는 것은 없을 듯싶다. 세월이 지나도 빛을 잃지 않는 진정한 스타 신영균 씨는 지금도 건강한 모습으로 우리 곁에 살아계신다. 한 시대를 같이 살면서 존경할 수 있는 분이 있다는 것은 행복한 일이다.

그는 받은 만큼 돌려주는 게 배우의 도리라고 생각하며 사신다고 하신다. 그분은 천생 배우이신 것 같다. 아흔을 넘긴 지 오래되셨지만 스트라이프 남색 정장 빨간색 넥타이 새하얀 손수건을 꽂은 모습은 일반인은 소화하기 어려운 콘셉트이다. 자신을 나타내는 당당함은 아마도 지금까지 살아온 모습을 보여주는 한 단면일 것이다.

그 후 그는 배우뿐 아니라 다른 사업에도 성공을 했다. 이 시대의 닮고 싶은 사람 1위로 탁월하고 매력적인 슈퍼 에이저가 되었다. 영화계뿐만 아니라 일반인들도 같은 생각들을 할 것이다.

그의 인터뷰 중 건강 비결에 관심을 가져 본다. 그는 매일 새벽 6시 기상, 밤 10시 취침, 점심은 약속된 장소로 이동, 함께 식사하며 즐거운 대화가 그분의 일과라고 한다. 또한, 하루 2시간은 헬스장에서 운동하며 생활 속에서 남을 험담하지 않는 것을 철칙으로 지킨다고 하신다. 나쁜 일이 있으면 금방 잊어버리고 좋은 일만 생각하신다는 그분은 아마도 그것이 건강 비결이라고 하신다.

나는 그분의 인터뷰 장면을 보면서 자기 직업에 대한 자부심과 규칙적인 생활 모든 것에 감사하며 받은 것을 되돌려 주겠다는 그의 신조와 결단하고 행동하시는 모습은 내가 어린 시절 한 편의 영화를 보며 수줍게도 팬이 되어 좋아하고 존경했던 마음을 실망하게 하지 않았다. 그때의 모습이 지금까지 이어지며 멋있게 살아오신 신영균 씨께 감사하다는 생각이 든다.

필자도 누군가에게 롤 모델이 되는 생활의 지표가 되어야겠다는 생각을 가져 보며 신영균 씨가 자주 이야기했던 '후회 없는 삶'을 적용해 보기로 했다. 후회 없이 사는 법이란 자신의 삶에서 의미를 찾고, 실패와 후회를 교훈 삼아 더 나은 선택을 하는 것이라고 한다. 그의 경험에서 나온 교훈을 알아보자.

- **1. 열정을 따르는 삶** : 그는 본업인 치과의사로서 활동하던 중에도 연기에 대한 열정을 포기하지 않은 것을 보여주며, 열정은 삶의 원동력임을 보여줬다. 또한, 그는 자신의 꿈을 놓지 않는 것이 후회 없는 삶의 중요한 요소라고 말하고 있다.

- **2. 위험을 감수하라** : 후회 없는 삶이란 위험을 감수하고 도전하는 과정에서 형성된다고 한다. 실패와 좌절은 피할 수 없지만, 중요한 것은 그 상황에서 배우고 성장하는 것이다. 신영균 씨는 여러 가지 실패와 도전 속에서도 다시 일어나 새로운 기회를 만들어 갔다고 한다.

- **3. 나눔과 공헌** : 그는 자신의 재산을 사회에 환원하며, 나눔을 통해 더 큰 만족을 얻었다고 이야기한다. 그는 받은

것을 돌려주며 후배들을 지원하는 것이 인생의 목표였다고
한다.

결국, 후회 없이 사는 법은 자신의 열정에 충실하며, 실패를
두려워하지 않고 나눔과 공헌으로 자신만의 의미를 찾는다는 신
영균 씨를 보면서 깨닫는 시간이 되었다. 우리는 인생을 살면서
누구나 후회 없는 삶을 살기를 바란다. 그러나 지나고 나면 늘
아쉬움과 후회라는 단어들이 찾아온다.

필자도 살아오면서 크고 작은 실패들을 했다. 그러나 좌절하
지 않고 열심히 생활하다 보니 여기까지 왔다. 성공한 것도 많이
있다. 그중 하나가 어렵다던 자식 농사다. 자식을 지키기 위한
열정은 농부의 심정이었다고 볼 수 있다. 봄부터 가을까지, 아니
사계절을 수고하여 곡식을 추수하는 것처럼 많은 비바람과 태풍
속에서도 견딜 수 있는 그런 힘과 열정은 아마도 후회하지 않는
삶의 원동력이 되는 것 같다. 하루라는 선물에 감사하며 최선을
다할 때, 우리는 후회없는 인생을 살아가게 될 것이다. 또한, 신
영균 씨의 삶을 통하여 열정과 도전들을 배우며 살아간다면 슈
퍼맨처럼 멋있는 인생의 승리자가 될 것이다.

4전 5기의 노장,
다이안 나이어드

어느 날 〈다섯 번째 파도〉라는 영화 제목이 내 눈에 들어왔다. 실화를 바탕으로 한 영화라 궁금했다. 64세라는 늦은 나이에 과연 무엇을 성공했단 말인가? 제목만으로는 내용을 알 수가 없었다. 필자가 파도라는 단어가 궁금했던 이유는 카약커이기 때문이다.

카약을 타고 바다 투어를 할 때면 늘 파도를 만난다. 파도는 때론 무서운 아빠처럼, 부드러운 엄마처럼, 또 한 다정한 친구로 순간순간 다른 모습이 되어 나에게 다가온다. 그럴 때면 지나온 시간들이 떠오른다. 그 무수한 인생의 파도를 하나씩 헤치며 지났던 과거가 떠올라 하나씩 꺼내어 풀어본다. 아름다웠던 것보다 험난한 것이 많았던 지난 시간이다.

그런 바다를 64세라는 노장의 나이로 다이애나 나이애드는 177km를 수영으로 쿠바 아바나에서 플로리다 키웨스트에 이르기까지 무려 약 53시간을 헤엄쳐서 물길을 건넜다. 1978년 첫 도전을 시작한 이래 다섯 차례 도전 끝에 이룬 성취였다. 그는 뉴욕에서 태어나 10대 시절부터 수영을 익혀 중고교 대회를 휩쓸었고, 올림픽 출전을 꿈꾸던 중 심장 내막염을 앓는 바람에 올림픽 꿈을 접고 장거리 수영으로 전환했다.

1975년 맨해튼 둘레(약 45km)를 7시간 57분 만에 헤엄쳐 성공했으나 1978년 아바나-플로리다 구간 수영 종단에 실했다. 멕시코만의 강한 해류에 맞설 수 있는 체력과 기량 못지않게 상어와 독성 해파리 떼의 습격이 더 큰 변수였다. 또한, 42시간 수영을 했지만 거친 해류에 체력 고갈로 수영을 멈췄다.

그 후 2011년 8월 두 번째 도전은 29시간 만에 실패, 9월 세 번째 도전도 실패, 2012년 8월 네 번째 도전 또한 호흡곤란으로 중단하는 일이 있었다. 하지만, 그는 멈출 줄 모르는 신념, 꼭 해내고 말겠다는 도전정신으로 2013년 8월 31일 지난 실패의 경험을 토대로 체력강화에 집중했다. 또한, 바다에서 만날 수 있는 해파리 공격을 막기 위해 실리콘 마스크와 전신 수영복으로 무장한 채 아바나 바다에서 시작, 9월 2일 오후 1시 55분 키웨스트 해안에 도착하는 모습은 감격 그 자체였다.

무려 53시간을 많은 장애물과 싸우면서 그녀는 무슨 생각을 하면서 견뎠을까? 나도 도전을 좋아하는 사람 중 한 사람이지만 영화를 보는 내내 멈출 줄 모르는 주인공의 모습을 보면서 새로운 각오를 하게 되었다.

"하면 된다"

언제까지?

"될 때까지"

요즘 필자도 매일 카약을 탄다. 대한체육회가 실시하는 대회도 참석하지만, 그것만으로는 젊은 친구들의 기량을 따라가기 힘들다. 그럴 때마다 나이 때문이라고 자신을 위로하며 안주하려던 생각을 버리기로 했다. 나도 더 잘할 수 있고 젊은 친구들이 나를 보고 '하면 된다'라는 이 단어가 각자 자신들의 것이 되기를 바라는 마음으로 강한 햇빛 속에서 선수 아닌 선수처럼 카약을 타고 달리고 있다.

나의 목표는 제대로 된 패들링을 할 때까지 계속하는 것이다. 도전은 아름답다. 그렇지만 도전하는 가운데 도전자가 혼자 겪어야 할 것들이 많다. 그러한 것을 극복하려면 다음과 같은 계획표가 세워져야 한다.

1. 목표를 세운다.
2. 할 수 있다는 믿음을 갖는다.
3. 꿈을 갖는다.

4. 매일 한다.

5. 성공한 모습을 그린다.

6. 변하는 것에 감사한다.

결코, 쉽지 않다. 어렵다. 그렇지만, 다이애나 나이애드처럼 꿈을 끝까지 포기하지 않고 도전할 때 그 인생 자체가 아름답고, 모든 사람의 귀감이 되어 64세에도 많은 실패를 않고 일어나는 모습은 참으로 경이롭지 않을 수 없다.

올림픽을 보고 있노라면 신기록을 깨고 또 다른 신기록을 경신하는 선수들을 볼 수 있다. 인간의 한계는 과연 어디까지일까? 잠시 생각하게 된다. 인간은 왜 극한의 고통을 무릅쓰고 육체와 정신을 단련하며, 더 무거운 것을 들고, 더 높이 뛰려고 애를 쓸까? 왜 남보다 더 잘하려고 남이 가지 않은 길을 갈까? 성취감을 위해서, 발전하는 것이 인간의 본능이라서, 의문이 들 때도 있지만, 아마도 그것은 살아있기에 각자의 분야에서 열심히 생활하고 있는 한 일면일 수 있다.

도전하는 모습을 볼 때 기억하고 알아두어야 할 것이 있다. 한 선수가 올림픽에 나가고 그곳에서 세계 선수들과 겨루기까지는 많은 시간과 수고와 땀과 노력이 숨어 있다. 많은 경쟁자를 이겨야 그 자리까지 갈 수 있는 것이다. 그렇다고 해서 끝이 아니다. 그곳에서도 또 경쟁해야 하고 이겨야 한다. 승리할 때 보상과 함께 찾아오는 것들은 자신을 믿는 믿음과 사랑이다. 해냈다는 자신감이다. 우리는 그들에게 박수를 보낸다. 수고한 것을 알기 때문이다.

그렇다면 우리는 어떤 모습으로 살아가야 할까? 손뼉만 치는 구경꾼으로 살아가야 할까? 아니면 박수를 받는 사람으로 살아가야 할까? 그것은 당신이 결정해야 할 문제이고 과제이지만 액티브 시니어로 살아가기 위해서는 당신에게 도전은 필수일 것이다. 재정, 건강, 관계를 원만하게 끌고 가기 위해서는 준비하는 자만이 진정한 노후를 맞이할 것이다.

35년 동안 꿈을 포기하지 않은 다이애나 나이애드처럼 그의 꿈을 꾸며 성공하는 자신을 바라봤다. 그리고 해냈다. 성공하는 것은 혼자만의 결단도 중요하지만, 함께 갈 수 있는 동역자가 필요하다. 그것은 가족일 수도 있고 친구일 수도 있다. 나는 영화를 보면서 도전의 여정에 함께 지지하고 도와주는 친구의 진정한 우정이 부러웠다. 그 친구의 지지는 아마도 당사자만큼 훌륭할 것이다.

우리도 삶에 균형이 있어야 한다. 어느 한 부분이 부족할 때 균형을 잃게 되며 건강한 생활을 유지할 수 없다. 60의 기술들은 올바른 균형 유지를 하는 방법이다. 이러한 방법들은 늦어도 50부터는 준비하고 익혀야 한다. 도전하는 사람들을 바라보며 따라 해보는 것도 우리가 살아가는 현명한 방법이다.

은발의 현역 모델,
카르멘 델로레피체 (모델 93세)

카르멘 델로레피체는 세계에서 가장 오래된 현역 모델로 1931년 6월 3일 미국 뉴욕에서 태어났다. 그녀는 15세에 첫 모델 활동을 시작해 1947년에 보그 표지 모델로 데뷔하여 지금까지 주목받는 모델이다. 70년 이상 패션 업계에서 활동하며 독보적인 경력을 쌓아왔다는 것은 기적이라고 볼 수 있다. 그는 고유한 은빛 흰머리와 세련된 외모로 유명하다. 나이가 들어도 변함없는 아름다움과 우아함으로 많은 사람에게 영감을 주고 있다. 또한, 자신의 매력을 유지하면서 다양한 패션 캠페인과 런웨이에서 활약하고 있다. 그 모습은 액티브 시니어를 넘어 액티브 에이징의 상징이라고 할 수 있다.

그녀는 단순한 패션 아이콘을 넘어 나이와 상관없이 자신을 사랑하고, 나이 드는 것을 당당하게 받아들이는 것이 중요하다는 메시지를 전하고 있다. 그의 메시지처럼 런웨이 위에 서 있는 그의 당당함은 과연 어디에서 오는 것일까? 천천히 노화되는 그의 피부와 건강을 알아보자.

1. 행사가 없을 때는 화장을 절대로 하지 않는다. 그리고 늘 보습제를 가지고 다니면서 틈틈이 바르고 선크림을 수시로 바른다.
2. 아침에 일어나면 항상 레몬즙을 탄 물을 마시고 물은 수시로 마신다.
3. 프로바이오틱스 요구르트를 섭취를 습관화하고 있다.
4. 아침에는 걷기, 스트레칭, 호흡하며 자신의 몸과 대화한다.
5. 음식은 자유롭게 먹는다고 한다. 음식으로 스트레스를 받지 않고 영양을 생각하며 적당히 한다고 한다. 또한, 의술을 이용하여 피부를 관리한다고 한다.

누구나 할 수 있는 루틴이라고 생각한다. 그러나 그의 열정과 생각은 92세의 나이에도 불구하고 패션계에서 후배들과 함께 어깨를 나란히 하고 런웨이 위에 서있는 모습은 현시대의 살아있는 역사가 되고 있다. 그는 말한다. "나이가 들어서 열정이 사라지는 것이 아니라, 열정이 사라져 나이가 드는 것이다."라고….

　100세 시대를 살고 있는 우리는 먼저 가고 있는 선배들을 통하여 많은 것을 알고 배우고 있다. 각자의 생각들은 다를 수 있지만 건강한 액티브 시니어가 될 수 있는 길이 있다면 따라가는 것이 현명한 일이라고 생각한다. 그들과 똑같은 삶을 살라는 것은 아니다. 다른 각자의 분야에서 자신을 사랑하며 좀 더 나은 아름다운 인생을 위하여 카르멘 델로레피체처럼 자기 일을 사랑하며 살아보자. 한 가지 일을 93세까지 현역에서 계속 일할 수 있다는 것은 아마도 신의 축복이라고 볼 수 있다.

　여자라면 모두가 동경하는 일일 것이다. 아름다움과 건강 모두 갖는다는 것이 쉬운 일은 아니다. 숨겨진 노력과 결단 행동이 일치할 때 가능하며 자신을 위한 투자는 필수과정이다. 이제 누군가를 부러워하지 말고 자신이 주인공이 되는 삶을 살자. 카르멘 델로레피체처럼 각자의 분야에서 멋을 내어보자. 사람들의 시선이 머물기를 바라면서 100세까지 할 수 있는 나만의 일을 찾아보자.

90대 헬스 트레이너,
다키시마 미카 (일본 헬스 운동, 92세)

코로나로 인하여 모두가 집안에서까지 마스크를 쓰고 있을 때 일본의 한 할머니를 TV에서 소개하는 것을 보게 되었다. 무려 2022년 90세 나이를 맞이한 헬스 트레이너 다키시마 미카이다.

그녀는 운동과 거리가 멀던 삶을 살던 평범한 주부였다고 한다. 헬스를 시작한 것도 65세에 시작했다고 한다. 처음에는 체중 조절만 할 생각이었는데 10년, 20년 꾸준히 하다 보니 운동에 재미를 붙여서 87살에 정식 트레이너가 되었다고 한다. 그녀는 오히려 자신이 프로 선수가 아니었기에 운동하기 싫어하거나 어려워하는 사람들의 마음을 헤아릴 수 있었다고 한다.

다케시마 씨는 모두가 우울한 시대지만 그렇다고 움츠러들기만 하면 사는 것도 의미가 없지 않겠느냐라며, 내 몸의 가능성을 열어서 기분을 업시키면 삶이 즐거워질 것이라고 희망을 전하고 있다. 그는 훈련을 통하여 무거운 바벨을 들고 턱걸이를 하면서 일반 사람들은 감히 상상도 못 하는 것들을 하고 있다. 또한 많은 젊은 강습생들 앞에서 시범을 보여주며 강의하는 모습은 우리 모두 닮고 싶은 모습이다.

87세에 정식 트레이너가 되었다는 것은 나이는 숫자에 불가하다는 것을 증명하고 있다. 나이가 들수록 근육을 저축해야 한다면, 없어지는 근육을 잡는 방법을 찾아 우리도 다키시마 미카처럼 근육을 위한 운동을 해야 할 것 같다. 헬스는 모든 운동에 기본이 되고 있다. 운동에 필요한 근육 발달에 많은 도움이 되는 다양한 운동들을 즐길 수 있다.

그렇다면 근육 운동의 시기를 알아보자. 근육 운동을 시작하는 최적의 시기는 개인의 신체 발달 상태, 건강 상태, 그리고 운동 목표에 따라 달라질 수 있지만, 일반적으로 다음과 같은 시기가 있다.

1. **청소년기(13~18세) 성장 이후** : 청소년기, 특히 사춘기 이후에는 체력과 근육 발달에 필요한 호르몬이 활발히 분비되

기 때문에, 근력운동을 시작하기 좋은 시기라고 볼 수 있다.

- **운동강도 조절** : 청소년기에 지나치게 무거운 무게를 드는 것보다는 적절한 강도와 올바른 자세를 유지하면서 운동하는 것이 중요하다. 이는 부상을 방지하고, 성장판에 부담을 주지 않기 위해서다.

2. **성인기** : 초기 성인기(18-30세). 이 시기는 신체적으로 가장 활발한 시기이며, 근육을 효과적으로 발달시킬 수 있는 시기이다. 성인이 되면서 강도 높은 근육 운동을 통해 근력과 근육량을 늘릴 수 있는 시기라고 볼 수 있다.

- **성숙기(30~40세)** : 이 시기부터는 근육량이 서서히 감소할 수 있어서, 지속적인 근력운동을 통해 근육을 유지하고, 체력을 향상하는 것이 중요하다.

3. **중년 이후 (40세 이후 이상)** : 이 시기에 중요한 것은 근육 유지와 건강관리이다. 40대 이후에는 근육량 감소와 함께 대사량도 줄어들기 시작하므로, 이를 예방하기 위해 근력 운동을 꾸준히 하는 것이 중요하다. 중량보다는 반복 횟수나 적절한 강도의 운동을 통해 근력을 유하는 것에 목표를 두어야 한다. 또한, 균형과 유연성을 향상해야 한다. 나이가 들수록 균형감각과 유연성이 중요해지므로, 근육 운동

과 함께 스트레칭과 코어 강화 운동도 병행하는 것이 필수이다. 그러므로 근육 운동은 어린 나이부터 성인기, 중년기, 노년기까지 꾸준히 하는 것이 이상적이다. 하지만 운동을 시작하는 나이가 늦더라도, 꾸준히 실천하면 언제든지 근력과 건강을 개선할 수 있다. 중요한 것은 개인의 건강 상태와 목표에 맞는 운동을 선택하고, 무리하지 않도록 점진적으로 운동 강도를 높여가는 것이 가장 좋다고 볼 수 있다.

필자도 한때는 근력에 대한 운동을 열심히 한 적이 있다. 그러나 건강할 때는 운동의 필요성과 중요함을 느끼지 못했다. 젊음도 영원할 것만 같았다. 그러나 세월은 멈출 줄 모르고 흐르고 있다는 진리를 알면서도, 착각한다. '아직도 나는 괜찮다'라는 생각 속에 머무르고 있다. '지금도 마찬가지다. 건강하다. 멋있다. 이만하면 괜찮다.'라는 생각은 지금도 나를 유혹하고 있다. 필자는 나 자신이 무엇을 먼저 해야 즐겁게 살아가며 할 수 있는지를 알게 되었다. 그 후 즐겁게 하고 싶은 것을 먼저 하게 되었다. 그리고 그 즐거운 것을 위하여 필요한 것을 찾게 되면서부터 살아갈 때 꼭 필요한 것이 무엇인지도 깨달았다. 우선순위는 바꿨지만 하나씩 찾아가게 되었다. 그것이 근력에 관한 것만은 아니다. 모든 생활 전반에 관한 이야기다.

얼마 전 지인을 오랜만에 만났다. 그가 변해있는 모습을 보고 깜짝 놀라지 않을 수 없었다. 멋있게 변해있는 몸매와 단단해 보이는 근력 때문에 오랜만에 만난 나로는 이유를 묻지 않을 수 없었다. 궁금했다.

무슨 일이 있었길래 이렇게 아름다워졌냐는 나의 질문에 그의 대답은 간단했다. 스포츠 댄스를 겸한 근력운동이 했다는 것이다. 그의 말에 모든 운동의 기본인 근력운동은 필수인 것을 다시 알게 되었다. 아는 것과 행동하는 것 사이에는 엄청난 차이가 있다. 필자도 건강을 위해 열심히 근력운동을 해야겠다는 다짐을 해본다.

다카시마 미카는 필요한 것이 무엇인지 알았다. 건강하기 위해 다이어트를 목적으로 시작한 헬스는 그의 인생을 바꿔놓았다. 2024년 현 나이는 92세다. 그리고 87세 트레이너 강사가 되어 근력운동뿐만 아니라, 많은 젊은 후배들에게 도전의 정신과 "하면 된다"라는 꿈을 주고 있는 다카시마 미카 씨는 100세 시대를 맞이하고 있는 모든 4~50대 더 나아가 60대까지 아니 70대에게까지도 희망과 할 수 있다는 꿈을 심어주고 있다.

멋있다. 도전은 아름답다. 그리고 행복하게 해준다. 그가 느끼고 있는 행복을 우리도 함께 느끼며 100세 시대의 주인공들이 되기를 바란다.

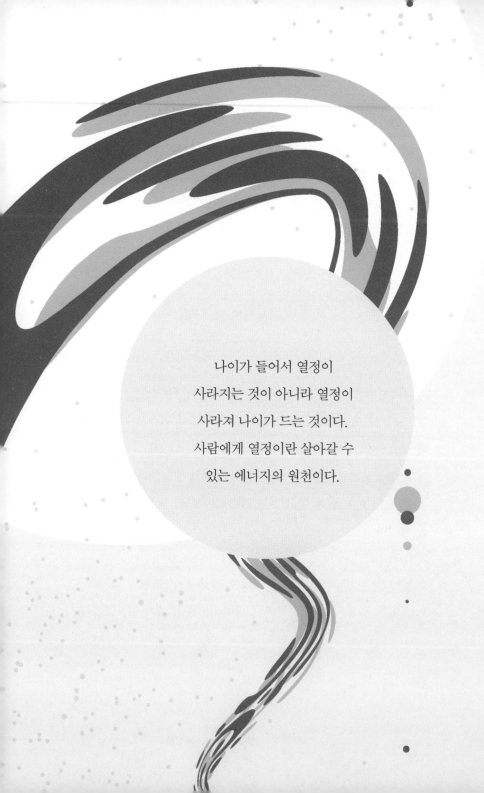

나이가 들어서 열정이
사라지는 것이 아니라 열정이
사라져 나이가 드는 것이다.
사람에게 열정이란 살아갈 수
있는 에너지의 원천이다.

PART. 3

인생의 현자가 알려주는 멋지게 나이 드는 삶의 5가지 테크닉

Chapter.1

슬로 에이징을 위한

미래 구축법

오늘이 선물인 이유는 '미래'가 있어서다

우리는 매일 살아가며 미래를 꿈꾸고 기대한다. 그 미래가 어떤 모습일지 알 수 없기에 오늘이라는 시간이 더 소중하고 값지다. 현재는 앞으로 다가올 날들을 준비하고 만들어 가는 기회이자 과거와 미래를 연결해 주는 다리다. 내일을 향한 희망과 기대가 있기에 우리는 오늘을 더 의미 있게 보낼 수 있다. 그래서 오늘은 단순한 하루가 아니라 미래를 향한 선물인 것이다.

우리 모두에게 공평한 것이 있다면 그것은 하루 24시간이다. 누구에게나 똑같이 주어진 선물을 어떻게 사용하느냐에 따라 미래라는 선물은 값질 수도 있고 형편없을 수도 있다. 하루가 금은보화라면 우리는 매일 보화를 찾으며 살아가는 것이다. 아마도 이렇게 산다면 우리는 우리에게 주어진 선물의 의미와 뜻을 잘 알고 있다는 의미일 것이다.

필자는 인생을 살면서 많은 선물을 주고받으며 살아왔다. 사람들이 주는 선물은 내용물보다 포장이 화려하다. 때론 기대치보다 낮아서 실망할 때도 있다. 그러나 오늘이라는 선물은 화려하지 않다. 나는 세상이 나에게 오늘이라는 선물을 가시 돋친 보자기에 꽁꽁 묶어서 주는 것을 경험했다. 가시가 박힌 포장지를 푸는 과정은 너무 힘들었다. 그러나 그 과정이 끝났을 때 과정보다 10배 아니 100배나 큰 선물이 안에 들어있다는 것을 알게 되었다.

이와 비슷한 사례도 있다. 올림픽 경기를 한 번이라도 보았다면 누구나 느껴보았을 것이다. 메달을 목에 걸기까지 그 선수가 지내온 과정이 얼마나 힘겨웠는지를 말이다. 오늘이라는 선물을 얼마나 값지게 사용하며 살았는지 알 수 있다. 이제 우리도 미래로 향한 오늘의 선물을 풀어보기 위하여 준비할 것이 있다.

1. **목표 설정** : 목표는 구체적이고 현실적으로 세워야 한다. 장기적인 목표와 단기적인 목표를 구분하여, 달성 가능한 단계를 설정하는 것이 중요하다.

2. **지속적인 학습** : 세상은 빠르게 변하고 있다. 변화를 느끼며 새로운 기술이나 지식에 대해 꾸준히 배우고 자기 계발에 힘써야 미래에 대비할 수 있다.

3. **건강관리** : 건강관리는 100세 인생을 살아가기 위해 필수다. 신체적, 정신적 건강, 규칙적인 운동, 건강한 식습관, 충분한 휴식 등을 통해 건강을 유지해야 한다.

4. **재정관리** : 액티브 시니어로 멋있게 활동적인 삶을 살아가기 위해서는 미래의 안정적인 삶을 위해 재정 계획을 세우고, 저축과 투자를 통해 경제적 안정을 추구해야 한다.

5. **관계 구축** : 긍정적이고 지지적인 인간관계를 유지하고 발전시키는 것은 미래의 다양한 도전에 대응하는 데 큰 도움이 된다.

6. **시간 관리** : 누구에게나 공평하게 주어진 시간을 효율적으로 사용하는 습관을 길러야 한다. 우선순위를 정하고, 중요한 일에 집중하여 시간을 투자하는 것이 중요하다.

7. **유연성 키우기** : 신체적 유연성도 필요하지만, 시대에 대한 유연성도 필요하다. 미래는 불확실성으로 가득하기 때문이다. 변화에 적응하고 유연하게 대응할 수 있는 능력을 키워야 한다.

8. **긍정적인 마음가짐** : 미래를 긍정적으로 바라보고, 도전에 직면했을 때 낙관적인 태도를 유지하는 것이 중요하다. 긍정적인 마음가짐은 어려운 상황에서도 희망을 찾게 해준

다. 이러한 일들을 실천하다 보면 미래를 보다 준비된 마음으로 맞이할 수 있다.

필자는 매일매일 새로운 도전을 꿈꾸며 살아가고 있다. 그리고 오늘이라는 선물을 두 팔 벌려 맞이한다. 나에게 찾아와 준 것에 감사하며 인사를 한다.

새로운 하루를 시작할 수 있어 감사하며, 눈을 뜨고 아름다운 하늘과 풍경들을 인생의 화폭에 담아 그리며 만들어 갈 수 있어 감사한다.

또한, 아침 운동을 할 수 있어 감사한다. 운동은 정신을 맑게 하고 긍정적인 마음을 갖게 되므로 하루 시작이 상쾌하다. 자전거와 카약을 타므로 나는 나의 육체적인 근육뿐만 아니라 정신적으로도 매우 건강한 시니어가 되어있다.

그리고 루틴을 따라 생활할 수 있어 감사한다. 이 또한 하루라는 선물을 푸는 과정이다. 매일 오는 오늘이라는 선물은 내용물도 포장도 다르게 온다. 우리는 매일 다른 오늘이라는 선물을 유연성을 가지고 잘 대처해 내는 능력이 필요하다.

이 중에서 필자가 가장 중요하다고 생각하는 것은 하루를 멋있게 살기 위해서 긍정적인 생각을 갖고 감사하는 것이다. 감사할 때 삶에 에너지가 생긴다. 긍정적이고 감사하는 생활은 없어서는 안 되는 산소 같은 것이다.

새벽 배송처럼 배달되는 오늘이란 선물을 매일 감사하며 주어지는 미션들을 감당하고 성공해 보자. 액티브 시니어 60의 기술이란 먼 곳에 있는 것도 아니다. 오늘이라는 24시간 안에서 계획된 것들을 실천할 때 모두가 부러워하는 시니어가 되는 것이다. 작은 것부터 조금씩 이루어 가보자. 미래가 있다는 것은 행복한 일이다.

성경에는 이런 말씀이 있다.

"천국은 침노하는 자의 것이다."

또한, 미래도 역시 준비하는 자의 것이다. 하나씩 준비하며 살아간다면 오늘이라는 선물은 여러분에게 기대 이상의 큰 선물을 안겨줄 것이다.

나이에 속지
않으려면…

앞의 'PART. 2'에서 밝혔듯 90세가 넘은 나이에도 현직에서 자기 일을 하는 사람들이 있다. 내가 소개한 김형석 교수(105세), 신영균 영화배우(96세), 카르멘 델로레피체 모델(93세), 다키시마 미카 헬스 트레이너(92세) 등, 이외에도 소개되지 않은 많은 사람이 100세를 바라보지만 현직에서 일하고 있는 것을 볼 수 있다.

김형석 교수님은 100세를 훨씬 넘기신 나이에도 건강한 몸으로 강연과 집필을 하고 계시다. 김형석 교수님께서는 90세 이후에는 나이를 잊고 사신다는 말씀까지 하시며 주민등록 나이는 숫자에 불과하다고 하신다. 그 말에 따르면 나이란 결국 내 생각에서 정해지는 것이 아닌가 싶다. 지금도 런웨이 위에서 자신을 당당하게 드러내고 있는 카르멘 델로레피체(93세 모델)는 이렇게 말하고 있다. "나이가 들어서 열정이 사라지는 것이 아니라 열정이 사라져 나이가 드는 것"이라고 말이다. 사람에게 열정이란 살아갈 수 있는 에너지의 원천이라고 볼 수 있다.

우선 나이에 속지 않으려면 몇 가지 중요한 태도와 접근이 필요하다.

1. **건강관리 영역** : 나이가 들어도 신체적, 정신적 건강을 유지하는 것이 중요하다. 그러기 위해서는 규칙적인 운동, 균형 잡힌 식사, 충분한 수면이 필수이다.

2. **두뇌발달을 위하여 계속 공부하는 영역** : 새로운 것을 배우는 습관을 유지할 때 뇌가 젊음을 유지하고 사고방식이 유연해진다. 새로운 언어나 기술을 배우거나, 취미생활을 하는 것이 좋다.

3. **긍정적인 마음 영역** : 긍정적인 태도는 나이에 대한 고정관념에서 벗어나는 데 도움을 준다. 그러므로 긍정적인 생각은 자신을 젊고 활기차게 느끼게 한다.

4. **사회적 활동 영역** : 친구나 가족과의 교류를 유지한다. 다른 사람들과의 교류는 정신적 활력을 유지하는 데 큰 영향을 미치므로 일을 하는 것은 바람직하다고 볼 수 있다.

5. **열정적인 마음을 유지하는 영역** : 무언가에 대한 열정을

가지고 사는 사람은 나이에 덜 얽매이게 된다. 자신이 좋아하는 일이나 목표를 지속해서 추구하면 할수록 생체나이는 매년 더 젊어진다. 역노화가 가능해지는 것이다.

이러한 태도들을 지키며 생활하다 보면 우리는 나이를 잊고 자신이 하고 싶은 일을 하며 멋있는 100세 인생의 주인공으로 살아가고 있는 것을 발견하게 될 것이다.

필자는 앞에서 소개했던 분들처럼 많은 나이는 아니지만, 그래도 역시 나이를 잊고 산다. 매일매일 늘어나는 일과 속에 먼저 걸어가고 있는 선배들의 모습을 닮기 위해 열심히 생활하고 있다.

첫 번째로 운동을 우선순위로 놓고 있다. 건강하지 않으면 정신도 건강하지 않기 때문이다. 육체와 근육이 젊어져야 목표했던 것들을 이루며 살아갈 수 있기에 지속적으로 관리한다.

두 번째는 음식이다. 몸에 좋은 것들로 나에게 맞고 소화가 잘 되는 것으로 섭취한다. 필자는 크지 않은 키에 비해 64kg이나 나가는 몸무게를 갖고 있었다. 혈압약을 먹었다. 그리고 무릎 관절로 많은 고생을 했다. 그런 중에《나는 질병 없이 살기로 했다》라는 하비 다이아몬드 저자가 쓴 책이 내 건강습관을 바꿔놓았다. 저자 본인이 체험한 이야기를 토대로 실천한 이야기를 읽으면서 따라 하기를 1년, 필자는 20대에 가졌던 몸무게로 다시 바뀌면서 내 인생이 변하기 시작했다. 평생 먹어야 한다는 혈압약도 중단하게 되었고 무릎 또한 건강해졌다. 지금은 매일매일 늘어나는 도전들을 즐기며 행복하게 살아가고 있다.

세 번째는 감사하는 생활이다. 오늘이라는 선물을 통하여 일어나는 모든 일을 감사한다. 주위에 환경에 대하여도 감사한다. 내가 필요한 사람들이 있는 것에 감사한다. 나를 사랑해 주는 사람에게도 감사한다. 함께 일하는 사람에게도 감사한다. 취미활동을 같이 하는 동호회 회원들에게도 감사한다. 오늘이 나를 행복하게 살 수 있게 허락함을 감사한다. 새로운 것을 도전할 수 있어 감사한다. 그리고 늘 긍정적인 마음을 허락한 하나님께 감사한다.

네 번째는 의상이다. 나이에 어울리는 옷이 아니라 젊게 보이는 옷을 선택해야 한다. 그것이 스타일과 자신감을 표현하는 좋은 방법이다. 젊어 보이는 스타일은 꼭 나이를 숨기기 위한 것이 아니라, 자신을 더욱 활기차고 생기있게 보이도록 돕는 요소를 포함한다.

나이가 들수록 밝은 색상의 옷을 선택하면 이미지상 산뜻하고 활기찬 느낌을 준다. 유행에 따른 적절한 트렌드를 반영하여 어울리는 스타일에 변화를 준다면 더 멋있고 젊어 보이며, 모든 면에 자신감도 생길 것이다.

필자는 딸이 추천하는 옷들을 입는다. 처음에는 어색한 부분도 있었지만, 이제는 혼자서도 내 스타일에 맞는 젊은 의상으로 나를 표현할 수 있게 되었다. 장소와 만나는 사람들의 분위기에 맞는 옷을 찾는 것도 중요하다.

이것이 내가 생각하는 나이에 속지 않게 살아가는 방식들이다. 나에게는 오늘이 가장 행복하고 젊은 날이기에, 내일도 행복할 것이라는 믿음이 있다. 그러므로 나이에 속지 않으려면 열정을 안고 삶에 목표를 향해 달려가야 한다. 그렇게 될 때 나이도 따라오지 못할 것이다. 오직 젊음만이 친구가 되어 여러분의 삶을 행복하게 만들라. 그 시작은 마음에 있는 열정의 불씨를 꺼내는 것부터 아닐까?

후회는 늦추고 꿈은 10배
더 빨리 이루는 비결

사람마다 꿈이 있다. 미래에 대한 꿈, 국가에 대한 꿈, 소속된 단체에 대한 꿈, 각자 자신이 있는 곳에서 꿈을 꾸고 있다. 필자는 '꿈' 하면 온 국민이 함께 외치며 열망했던 2002년 월드컵이 생각난다. 전광판에 비췄던 "꿈은 이루어진다", 빨강 티를 입고 목이 터지라 소리치며 응원했던 그 시간으로 돌아가 보면 정말로 꿈이 이루어진 듯한 생생한 열기가 고스란히 느껴지곤 한다.

2002년 월드컵의 열기를 느끼던 때가 바로 엊그제 같은데 벌써 세월이 흘러 22년이 지났다.

그때 함께 "대~한 민국!"을 외치던 사람들은 시간이 흘러 지금쯤 변해있는 자신을 발견할 것이다. 22년 전 내가 꿈꾸고 바라는 대로 길을 찾아왔는지 아니면 아직도 길을 헤매며 정확한 이정표를 발견하지 못했는지 알 수 있을 것이다. 만약 꿈의 이정표를 발견하지 못했다면 다시 이정표를 수정하여 길을 찾아보아야 한다.

많은 사람이 지난 세월을 돌아보며 후회와 자책을 한다. 그것은 아마도 최선을 다하여 살아보지 못한 아쉬움에서 나오는 것일 것이다. 필자는 매 순간 최선을 다해 살았다. 그래서 후회라는 단어는 나에게 사치에 불과하다.

후회가 아니라 오히려 지난 시간이 감사할 뿐이다. 당신에게 질문을 던지고 싶다. 10년 전으로 돌아간다면 당신의 이정표를 수정하여 계획표대로 살 수 있는가를 묻고 싶다. "예스"라고 대답한다면 당신은 다시 꿈을 꿀 수 있는 희망이 있다.

지금은 100세 시대다. 아니 누군가는 재수가 나쁘면 120년을 살 수 있다고 말한다. 그렇다면 우리는 길어지는 삶을 저주가 아닌 축복으로 바꿔야 한다. 그것은 온전히 자신만이 할 수 있다. 그 누구도 해 줄 수 없는 부분이다. 후회를 늦추고 꿈을 10배 올린다면 120년을 사는 것이 저주가 아닌 축복이 될 수 있다고 말해주고 싶다. 축복의 삶을 살기 위해서는 반드시 해야 하는 것이 있다.

후회 없는 생활과 꿈을 이루는 비결은 먼저 자기 자신을 이해해야 한다. 내가 무엇을 원하고 있는지를 분명히 인지하고 그것에 대한 수고와 시간을 기꺼이 감당할 수 있는지를 파악하는 것이 중요하다. 우리도 올림픽에 나가는 선수처럼 오직 메달만을 생각하고 훈련에 임했던 그들의 시간을 채울 수 있어야 한다. 당신도 당신의 꿈을 향해 달려가 보자. 후회 없는 삶을 살고 목표를 달성하기 위한 몇 가지 전략을 세워보자.

1. **명확한 목표 설정이 필요하다.** 꿈을 이루기 위해서는 먼저 무엇을 이루고 싶은지를 명확히 설정해야 한다. 구체적이고 실현할 수 있는 목표를 세우자. 너무 꿈이 크면 실천하기가 어렵다. 작은 것부터 차츰 이루어 가다 보면 결국 바라던 것을 이룰 것이다.

2. **계획 세우기다.** 큰 목표를 작은 단계로 나누어 계획을 세워나가야 한다. 단계적으로 목표를 달성하는 것으로써 꾸준한 동기부여와 성취감을 가질 수 있다.

3. **자기 관리다.** 하루 24시간을 어떻게 관리하느냐에 여러분의 목표를 얼마나 빨리 성취할 수 있는지는 각자의 몫이다. 시간은 모두에게 공평하게 주어졌다. 주어진 시간을 효율적으로 관리하며 일의 우선순위를 정해서 집중해야 할 것에 집중할 수 있는 습관이 필요하다.

4. **지속적인 학습과 성장이다.** 새로운 지식을 배우고 기술을 습득하는 것은 목표를 이루는 데 필수적이다. 꾸준한 자기

계발은 개인의 성장과 발전을 가져다준다.

5. **긍정적인 마인드셋이다.** 긍정적인 생각과 태도는 어려운 상황에서도 희망과 의지를 유지하게 한다. 어려운 일이나 힘든 과정도 목표로 가는 한 길목이라고 생각하고 "이 또한 지나가리라"라는 말처럼 모든 것은 지나간다는 것을 알고 대처하는 마음이 중요하다.

6. **성찰과 피드백이다.** 정기적으로 자신의 행동과 결정한 것들을 뒤돌아보면서 점검하는 시간이 필요하다. 이를 위하여 매일 기록하는 습관이 필요하다. 기록한 것들을 보다 보면 잘한 것과 잘못한 것이 보일 것이다.

7. **건강관리다.** 건강은 모든 것의 기본이다. 신체적, 정신적 건강을 유지하기 위해 규칙적인 운동과 균형 잡힌 식사, 충분한 수면이 필요하다.

8. **도전과 용기다.** 새로운 도전을 극복하는 과정에서 성장이 이루어진다. 실패를 두려워하지 말자. "실패는 성공의 어머니다."라는 말처럼 실패는 성공으로 갈 수 있는 지혜를 가져다준다.

9. **인내와 끈기다.** 꿈을 이루는 과정은 때로는 길고 어려울 수 있다. 포기하지 않고 끝까지 나아가는 것이 꿈을 이루는 것이다.

농경시대 때는 비가 오지 않으면 기우제를 지냈다. 기우제를 지내면 비가 오기 때문이다. 왜일까? 비가 올 때까지 기우제를 지내기 때문이다. 우리도 꿈을 이룰 때까지 하면 반드시 이루고 말 것이다. 많은 사람이 꿈을 꾸며 산다. 그러나 그 꿈을 이루기 위해서는 대가를 지불해야 하는 것이 있다는 것도 잘 알고 있다. 시간과 헌신, 희생, 투자들이 있다. 당신이 바라는 꿈은 어떤 것이 있는가?

오래전에 보았던 신문기사의 인터뷰 장면이 생각나서 소개하려 한다. 어느 노숙자와의 인터뷰다. 인터뷰 기자는 노숙자에게 "왜 이런 모습으로 살고 계시나요?"라고 질문했다. 그의 대답인즉, "나는 살면서 실패할까 봐 두려워서 새로운 일에 도전하시 못했습니다. 그 결과 지금의 이 모습이 되었습니다."라고 했다. 짤막한 인터뷰 속에서 필자는 많은 지혜를 얻게 되었다.

필자의 나이 40대에는 가장 힘들고 어려운 시기를 지날 때였다. 가장으로 살아가기 위해 도전은 필수라는 것을 알고 두려움을 극복하며 새로운 것들을 시도했다. 결과는 오직 하나님께 맡기며 주어진 일에 최선을 다했다. "시간은 금이다."라는 것을 명심했다.

지금 필자에게는 많은 방송국에서 인터뷰 요청이 들어온다. "어떻게 하며 필자처럼 젊고 건강하게 멋있게 살 수 있습니까?"라고 질문한다. 나는 대답한다. "오늘이라는 선물에 감사하며 새로운 도전을 끊임없이 할 때 행복하고 건강할 수 있다."라고 말이다.

노숙자에게 기자가 던진 질문과 동일했지만, 질문의 대답은 다르다. 후회하지 않는 인생을 살기 위해서는 꿈을 키우며 지나가는 시간을 가치 있게 사용하며 살아가야 한다. "분명한 것은 최선의 삶을 선택하면 결과와 상관없이 후회는 없다"라는 것이다. 후회는 늦추고 꿈은 10배 더 빨리 이룰 수 있도록 시간을 아끼며 소중하게 살아가는 모두가 되어 행복한 액티브 시니어가 되길 바란다.

노년의 자유를 위해
챌린저가 되어라

자유는 다양한 측면에서 정의될 수 있는 매우 깊이 있는 개념이다. 몇 가지 중요한 측면에서 자유란 어떤 것인지 정의해 보았다.

첫째, 자유란 선택의 권리가 있는 것이다.

무엇보다도 자신의 삶에서 중요한 결정들을 스스로 내릴 수 있는 권리를 의미한다. 이를 통해 사람들은 자신의 가치를 반영한 삶을 살아갈 수 있고 외부의 강요나 억압 없이 자신이 원하는 방향으로 나아갈 수 있다.

둘째, 자유란 책임을 동반한 자율성이다.

자유는 단순히 행동하는 것이 아니라 자신의 선택에 대한 책임을 지는 것이다. 이는 자율성과 연결되며 자신의 행동이 자신과 타인에게 미치는 영향을 생각하면서 행동할 수 있는 능력을 의미한다.

셋째, 심리적 자유를 선택할 수 있다.

자유는 외적인 억압의 부재뿐만 아니라 내적인 평화와 연결된다. 심리적 자유란 두려움, 불안, 편견에서 벗어나 자기 생각과 감정을 자유롭게 표현하고, 자신을 있는 그대로 받아들이는 상태를 말한다.

넷째, 독창적인 생각과 아이디어 표출

창의성을 발휘하고 자신을 표현하는 데 각자의 독창적인 생각과 아이디어를 펼치고, 예술적, 지적, 감정적인 표현을 통해 자신의 정체성을 드러낼 수 있는 것 또한 자유의 중요한 부분이다.

다섯째, 사회적 자유

사회적 자유는 다른 사람들과의 관계 속에서 자신의 권리와 타인의 권리를 존중하며 살아갈 수 있는 상태를 의미한다. 또한, 표현의 자유, 집회의 자유, 종교의 자유 등 다양한 권리와 연관되며, 민주적인 사회에서 누릴 수 있는 영역에서 볼 때 사회적 자유 역시 중요하다.

여섯 번째, 경제적 자유

경제적 자유는 자신의 생계와 생활 방식을 스스로 결정할 수 있는 경제적 자립을 의미한다. 이는 개인이 원하는 방식으로 일하고 저축하며 재정적 독립을 유지할 수 있는 능력을 포함한다.

일곱 번째, 존재적 자유

궁극적으로 자유는 자신이 누구인지, 어디로 가고 싶은지를 스스로 결정하고, 자신의 존재를 온전히 받아들이며 살아갈 수 있는 상태를 의미한다. 자유란 단순히 외부의 억압이 없는 상태를 넘어, 자신과 세계를 주체적으로 마주하고, 자신이 원하는 삶을 만들어가는 과정에서 발견되는 것이다. 자유를 핑계로 방종이 아닌 진정한 자유를 누리며 인생 하프 타임에 각자의 고지를 점하여 멋진 인생의 주인공들이 되기를 소망한다.

얼마 전 택시를 탔다. 가끔 있는 일이지만 택시를 타고 목적지에 가는 동안 운전기사님과 간단한 대화를 나눈다. 택시에서 나누는 대화 타임은 여러 사람을 만나는 동시에 그분들의 삶을 엿볼 수 있는 시간이 된다. 그날은 차를 탔는데 유독 기분이 좋았다. 차 내부가 너무 깨끗하고 좋았기 때문이었다. 순간 내 입에서 나온 말은 "차가 너무 좋아요"였다. 무의식적으로 칭찬 한마디를 던지고 기사님을 바라보니 젊은 친구였다. 순간 궁금하여 다시 질문을 했다.

"지금까지 만난 기사님은 나이가 있으신 분들인데 오늘은 다르네요."

젊은 기사는 내게 대답했다.

"네, 직장을 5년 다니다가 얽매이기 싫어 자유롭게 일하려고 개인택시를 구매하여 일하고 있습니다."

그가 선택한 것은 내가 하고 싶은 일과 동시에 스스로에게 자유를 주는 삶이었다. 그러면서 그는 갑자기 자기 나이를 고백했다.

"저는 아직 20대입니다."라며 말이다. 그는 손님들을 편안하게 모시기 위해 차도 좋은 차로 바꾸었다고 했다. "요즘은 매일매일 행복하게 일하고 있습니다."라고 말하는 그의 목소리에는 꿈이 있었고 희망이 있었다.

젊음을 좀 더 가치 있고 자유롭게 살기 위한 선택을 하며 재정적 안전을 확보하려는 그의 의지를 잠시나마 느낄 수 있는 시간이었다. 기꺼이 직장 다닐 때보다 더 많은 시간을 일하면서도 자유를 향한 도전과 책임을 함께 선택한 인생길을 달리며 그는 오늘도 도로 위에서 손님을 만나 행복해하고 있을 것이다. 나는 그런 그의 에너지가 좋아 그의 도전을 응원하게 되었다.

필자는 매일매일 배우고 있다. 사람들의 살아가는 모습과 선배들의 훌륭한 점들을 따라 적용하면서 고착되어 있는 나쁜 습관들을 체인징하고 챌린지하기 위해 노력하고 있다. 그것은 내가 진정한 자유를 누리기 위한 노력이고 선택이다. 심리적 자유, 환경에 대한 자유, 존재적 자유를 위한 나의 행복한 여정이다.

《1% 도전의 행복! 챌린지》라는 책을 출간하고 필자는 매일 루틴에 맞는 생활을 하고 있는지 점검하기 위해 필자의 책을 매일 읽으면서 생각을 마인드셋 한다. 흩어지려는 생각과 행동들을 다시 프레임 속으로 안내하며 하루를 반성하고 계획하는 생활이다. 이것 또한 매일 나 스스로를 챌린지 하는 일이다. 시작도 중요하지만 유지하는 것이 더 어렵고 힘들다.

많은 사람이 새해가 되면 1년을 계획하며 다짐을 한다. 그러나 정확한 통계를 제공하기는 어렵지만, 새해 결심을 성공적으로 이루는 사람들은 전체 결심자 중 소수에 불과한 것을 볼 수 있다.

통계청 연구결과 성공률은 8~20% 사이에 있다고 한다. 대부분의 사람들이 새해 연초에는 열심히 자신이 세운 목표를 따르다가 몇 주 몇 달이 지나면서 서서히 포기하는 숫자가 많아진다. 연구결과에 따르면 80%가 2월 중순을 넘기지 못하고 포기한다고 한다. 이는 초기의 동기부여가 시간이 지나면서 약해지기 때문이다. 시간이 지날수록 일상적인 활동들이 우선시되면서 결심을 지키는 것이 어려워지는 것이다.

이를 극복하기 위해서는 목표를 구체적으로 달성할 수 있도록 설정하고, 작은 단계로 나누어 실천하며, 꾸준히 자신을 체크하고 동기를 유지하는 방법이 필요하다. 또한, 가족이나 친구와 목표를 공유하거나, 목표 달성을 돕는 파트너를 두는 것도 도움이 될 수 있다.

Chapter. 2

슬로 에이징을 위한

경제 관리법

돈이 곧
자신감이다

〈욕망이라는 이름의 전차〉라는 유명한 희곡을 쓴 테네시 윌리엄스는 "돈 없이 젊은 시절을 보낼 수는 있지만 돈 없이 노후를 보낼 수는 없다."라는 명언을 남겼다. 젊음이 있을 때는 젊음이 무기고 능력이 된다. 그러나 60세 이후 돈은 신분이고, 지위이고, 계급장이 될 수 있다. 돈이 없으면 생활권이 좁아진다. 정작 원하는 것을 마음대로 할 수 없다는 이유가 된다.

그러나 돈이 전부라고 말할 수는 없다. 돈이 일부를 해결할 수는 있지만 모든 것을 다 해결하지는 못한다. '유비무환'이라는 말이 있다. 또한, "물 들어올 때 노 저어라(得時無怠)"라는 뜻으로 회자되는 사자성어가 있듯이, 젊음이 평생 내 곁에 머물러있지 않는다. 그렇기 때문에 자연의 섭리를 알고 생각하며 행동해야 한다. 오늘이라는 삶에 갇혀서 미래의 내 모습을 보지 못한다면 노후의 삶은 당신이 기대하는 것만큼 아름답지 못하다는 것을 기억해야 한다.

사람마다 내일을 준비하는 방법은 모두가 다르다. 각자 자기 능력에 맞는 투자처를 생각해야 한다. 재정에 대한 투자, 사람에 대한 투자, 자식에 대한 투자, 미래에 대한 투자, 건강에 대한 투자 등 많은 것이 있다. 필자는 모든 투자를 적금이라고 생각한다. 적금은 오래될수록 복리로 우리에게 온다. 그러나 잘못된 투자는 오히려 화가 되는 복리로 돌아올 수 있기에 시대를 알고 잘 대처해야 한다.

모두가 이야기하는 100세 시대를 살고 있는 지금, 자신이 100세까지 잘 살기 위해서는 인생 계획을 잘 세워야 한다. 지난날 농경시대에는 온 가족이 함께 살았지만 이미 그런 공동체 시대는 지났다. 산업화 시대를 지나 인공지능 시대, 가상 시대는 우리가 기다리지 않았지만, 우리 앞에 이미 와있다. 지금은 핵가족 시대를 지나 나 홀로 인생을 책임져야 하는 핵개인의 시대라고 볼 수 있다.

그렇다면 모든 투자는 과하지 않고 적당해야 한다. 미래를 준비하는 사람들이라면 경제적 자신감과 재정적 안전성 둘 다 필요하다. 이유는 다음과 같다.

1. **재정적 안정성**을 가질 수 있는 적절한 저축과 투자는 미래에 대한 불안을 줄여준다. 긴급상황이나 기회에 대응할 수 있는 여유를 제공한다.
2. **재정적 목표**를 세우고 성취를 해나갈 때 다른 영역에서도 자신감으로 긍정적인 영향을 줄 수 있다.
3. **재정적 여유**는 선택의 자유를 주므로 자신의 가치에 맞는 결정을 내릴 힘이 생긴다.
4. **재정적 안전**은 지속적인 자기 계발에 투자할 수 있다. 이는 장기적으로 더 큰 자신감의 원천이 될 수 있다. 그러나 균형 잡힌 시각을 가져야 한다.

결론적으로 재정적 안전은 자신감 있는 삶을 위한 중요한 요소다. 하지만 이는 전체 그림의 한 부분일 뿐이다. 전인적인 발전과 균형 잡힌 접근이 이루어져야 비로소 진정한 자신감으로 이어질 수 있다.

인생에서 가장 큰 투자로 생각하는 부분이 바로 자식에 대한 투자이다. 많은 부모들이 자식이야말로 "눈에 넣어도 아깝지 않다."라고 말하며 자식들을 위해 온전히 희생하고 아낌없이 투자한다. 그것의 밑바탕은 자식이야말로 자신의 분신이라고 생각하기 때문이다. 그러나 진정으로 현명한 투자를 생각한다면 조금씩 자식에 대한 기대의 마음을 내려놓는 연습이 필요하다.

1. **자식에 대한 투자도 시기가 있다.** 자신의 재정에 맞게 자녀를 향한 투자가 필요하다. 각자 능력에 맞는 투자를 하겠지만 필자는 상식적으로 대학교까지로 정하고 싶다. 그 이후부터는 투자는 멈추고 지켜볼 때라고 생각한다. 스무 살이 되면 성인이기에 본인의 인생을 스스로 결정하며 살아갈 힘을 길러 주어야 한다. 어떤 부모는 무작정 부모의 사랑이라는 명분으로 자신의 통장이 바닥을 드러내도 자녀에 대한 헌신을 멈출 줄 모른다. 그리고 노후가 되어서야 깨닫고 크게 후회를 하게 된다. 그렇다면 언제부터 재정적 안전기를 준비하는 것이 좋을까? 우리는 100세 시대를 이야기하며 살아가고 있다. 내가 살고 싶지 않아도 의학의 발달로 살 수밖에 없다. 남은 시간, 점점 좋아지는 혜택을 누리기 위해서는 준비하는 자만이 자기가 원하는 삶대로 오래 살 수 있을 것이다.

2. **자신만을 위한 투자를 해야 한다.** 우리 주위에는 결혼도 하지 않고 책임도 지지 않으려는 '나홀로족'이 있다. 혼자 밥 먹기를 즐기며 자신이 하고 싶은 것만 한다. 젊을 때는 그러한 생활이 괜찮고 좋아 보일 수 있다. 그러나 그 시간

도 오래 머물러있지 않는다는 것을 알고 좀 더 자연의 섭리를 깨닫고 따라가야 할 것이다. 가족과 함께 어울리며 정당한 희생과 행복을 나눌 때 건강한 노후를 맞을 수 있다. 그러기 위해서는 자식에게 의지하지 않고 스스로 독립적인 생활을 할 수 있어야 한다. 그렇게 되어야 행복한 노후, 건강한 노후가 가능하다.

인간은 사회적 동물이다. 혼자는 사회를 만들 수 없기 때문에 함께 살면서 다른 한편으로는 자립할 수 있는 힘을 길러야 한다. 모든 것에 능력이 있을 때 자신감이 생기고, 스스로 행복할 때 자신도 주위도 행복해지는 것은 만고불변의 진리이기 때문이다.

행동력은
결제다

    결제는 최종 결정과 결단을 의미한다. 즉, 100세를 바라보며 액티브 시니어로 살아가고 싶어 하는 사람들에게는 나는 행동력만큼 중요한 것은 없다고 본다. 인생은 망설이는 찰나에 시간과 기회들을 다 놓치게 된다. 필자의 이야기를 하려 한다.

    얼마 전 정년퇴직하고 남은 인생을 여행만 하며 살겠노라고 다짐 한 친구의 권유로 크루즈 여행 설명회에 함께 다녀왔다. 크루즈 여행 코스는 총 33일간의 여행으로 이루어져 있었다. 설명회를 듣는 동안 많은 것을 생각하게 되었다. 젊었을 때와는 달리 시간적 여유는 있었다. 도전하고 싶은 마음도 있었다. 결제만 한다면 세계 일주를 할 수 있는 시간이었지만 잠시 이런저런 생각들로 망설이며 결제를 미루는 순간 다른 바쁜 일정들로 우선순위에서 밀리기 시작했다. 생각만으로는 행동을 끌어내기가 어렵다는 것을 다시 실감했다. 자신의 성장을 일으키기 위해 투자 또한 결제가 없이는 시작하기가 어렵다는 것을 체감했다.

앞으로 100세를 바라보며 사는 우리는 60대부터 책임감에서 벗어난 시점에 이른다. 100세를 산다면 40년을 건강한 시니어로 살기를 바랄 것이다. 자신만의 시간이 많아지고 혼자 있는 시기다. 지금까지 가족을 위해 하지 못했던 것들을 할 수 있는 나이가 바로 60부터다. 인생 2막을 시작하는 때라고 볼 수 있다. 인생 2막이라는 소리만 들어도 가슴이 설레지 않는가? 그리고 꿈 많았던 시절로 돌아가는 것이다. 나이를 생각할 필요는 없다. 나도 한때는 부모의 결제가 필요했다. 그리고 한때는 책임감으로 자신을 위한 결제를 하지 못했다.

인생 후반 하프 타임이라고 말할 수 있는 60부터는 가슴속에 묻어두었던 젊은 날의 꿈들을 하나씩 꺼내어 그것들을 이루어가는 시기다. 필자의 나이는 70이 넘었다. 뒤돌아보니 모든 것이 한순간이라는 생각이 든다. 좀 더 세상의 흐름을 일찍 깨닫고 시대의 흐름을 알았더라면 하는 아쉬움은 있지만, "나이는 숫자에 불과하다."라는 것을 실감하고 있다.

위기는 기회라는 말이 있듯 어려울 때 나는 내 인생의 전환점을 찾았다. 남이 가지 않은 길을 찾았다. 나는 카약이라는 스포츠를 통하여 다시 한번 삶이 무엇인가를 알게 되었고 그로 인하여 그동안 하고 싶었던 것들을 행동에 옮기기 시작했다. 코로나시간 전 세계가 멈춰있었고 지구촌이라는 단어가 무색할 정도였을 때였다. 많은 사람이 건강을 잃고 괴로워했다. 밖으로 나오지 않고 문을 꼭꼭 닫고 은둔 생활을 하며 사람을 피했다. 그때, 필자는 그들과 반대로 생활했다. 야외에서 햇볕을 쬐며 카약을 탔고 자전거를 타면서 삶의 면역력을 키우기 시작했다.

또한, 카약을 타며 삶에 자신감이 생길 때 마지막 도전이 될 것이라고 말했지만 다른 도전들을 통하여 행복이 무엇인가를 알게 되었고 즐기게 되었다. 그 결과 지금은 모두가 부러워하는 액티브 시니어로 변했다. 지금도 필자는 행동하기 위한 즉시 결제를 한다. 결제하지 않으면 모든 행동에서 망설이게 되고 멈추게된다.

필자가 액티브 시니어란 이야기를 듣기까지 성장을 위한 결제가 없었다면 지금의 필자는 없었을 것이다. 자신을 움직이게 하는 것은 생각이 아니다. 오직 결제만이 강력한 무기가 되어 다가온다. '내가 과연 할 수 있을까?'라는 생각은 결제하는 순간 행동하게 되고 또한 능력도 함께 부여된다. 왜? 만물의 영장인 인간은 무한한 잠재력이 있기 때문이다. 이 세상에는 훌륭하고 똑

똑한 사람들이 많다. 그러나 행동하지 않으면 아무 소용이 없다.

요즘 필자는 그림을 보며 작가를 이해하는 데 빠져있다. 지금까지는 그림을 볼 때 '아름답다. 멋있다. 훌륭하다.'라는 생각만 했다. 그러든 어느 날 딸이 전해준 팸플릿을 통하여 예술아카데미 입학생 모집이라는 단어를 보는 순간 미술 세계를 알고 싶었다. 아무것도 모르는 무지의 세계였지만 '내가 할 수 있을까?'라는 생각은 하지 않기로 했다. 보이지 않는 미술의 세계가 단지 궁금했을 뿐이었다.

호기심으로 시작해 예술 작품을 배우기로 결단하자 오리엔테이션 시간에 그곳에서 가장 연장자인 나에게 건배사를 부탁했다. 순간 젊은 친구와 전문가들만 있는 그곳에 있는 나 자신을 발견하게 되었다. 그것은 축복이고 감사였기에 큰소리로 외치게 했다.

"결제는 행동력이다."

처음 들어보는 생소한 건배사에 한바탕 웃음바다가 되었다. 그러나 이것은 나만의 생각이 아닐 것이다. 우리 모두의 생각이고 또한 그 자리에 있는 참석한 사람들의 생각일 것이다. 결제 없이는 그 자리에 있을 수 없다는 것은 명백한 사실이기 때문이다. 어떻게 보면 때론 쓸쓸한 생각이 들기도 한다. 그렇지만 그것이 현실이다. 결제 없이도 우리 주위에는 즐기고 배울 수 있는 곳은 많이 있다. 다만 결제 없이는, 즉 무료만 좋아하다 보면 혼자 할 수 있는 의지와 행동력이 지속되지 못한다는 것이다.

혼자서도 의지와 끈기가 넘쳐서 계속 도전할 수 있다면 그것은 훌륭한 일이다. 하지만 필자의 생각은 무엇을 시작할 때는 전문가의 지도가 필요하다고 생각한다.

가장 쉬운 걷기 운동을 예로 들어보자. 걷는 것도 전문가로부터 배워야 한다. 마음대로 생각 없이 걸을 때 효과가 30이라면, 근육을 키우는 걷기를 한다면 100의 효과를 보게 될 것이기 때문이다.

모든 것에는 기본 기술이 필요하다. 그것을 배우려면 결제가 필수다. 지금도 아쉬움이 남는 일이 있다. 내 젊은 나이 유치원 운영을 할 때 일이다. 경비를 줄이고자 차량 운영을 직접 해야겠다는 생각을 했다. 그리고 운전면허를 준비하려고 할 때 지인으로부터 자기 자동차로 운전 연습을 해주겠다는 제안을 받고 연습 중에 대형 사고를 냈다. 주행 연습을 하는 도중 버스와 충돌하는 사고로 큰 피해와 고통을 받은 적이 있다. 처음부터 전문 기관을 받아 지도를 받았더라면 재산적 큰 손해도 정신적 피해도 없었을 것이다. 결제가 부재된 그때 그 선택과 행동은 살아가면서 내게 큰 교훈이 되었다.

지금은 원하고 배우고 싶은 것이 있다면 먼저 전문가를 찾아가서 결제부터 한다. 그리고 내 의지를 시험하고 있다. 그것이 나를 지키고 시간을 단축하는 일이라는 것을 지나고 보니 깨닫게 되었다. 실패는 성공의 어머니라고 했듯, 그때 한 실패는 나를 성장시키는 데 큰 역할을 했다. 지금도 결제를 통한 도전을 꾸준히 지속하고 있다.

첫 번째 결제를 통해 요트를 운전할 수 있는 요트 면허 자격증을 취득했다. 그리고 공동 요트 선주가 되었다. 상상 속에 있었던 일들을 하나씩 행동하며 이루어 가고 있다. 내가 생각하는 요트는 아름다운 바다 풍경을 바라보며 와인을 마시고 있는 연인들과 요트 위에서 파티를 하는 장면을 상상하게 했다. 그러나 셀 요트는 바람을 이용하는 요트로서 노동을 동반하지 않으면 멋있게 항해할 수 없다. 그러한 사실 또한 결제를 통해서 도전함으로써 알아갈 수 있었다. 결제하지 않고 도전하지 않았다면 나는 여전히 내가 생각하는 파티 장면을 떠올리며 요트에 대한 환상에만 젖어 살고 있었을 것이다. 구경꾼으로 있을 것인가, 아니면 주인공이 되어 생활할 것인가는 오직 결제를 통하여 알아가며 누릴 수 있다. 역시 행동력은 결제다.

두 번째 프리다이빙을 즐길 수 있는 자격증도 결제로 성공했다. 새로운 세계를 알아간다는 것은 나보다 먼저 가고 있는 전문가에게 배워야 가능하다. 요즈음은 자격증 없이 할 수 있는 것이 별로 없는 것 같다. 내가 생활체육 지도사 자격증을 따기 위한 연수 과정 중에 있을 때 많은 종목에서 자격증이 필요하다는 것을 알게 되었다. 프리다이빙은 국가고시는 아니지만, 강사를 통하여 안전교육과 기술을 익히고 전문 기관에서 주는 자격증 없이는 잠수풀에 입장할 수 없게 되어있다. 기관들이 주는 자격증을 통하여 입장할 수 있고 즐길 수 있다.

필자가 자격증반에 도전할 때는 여러 명의 사람들이 함께 도전했다. 그러나 다른 사람들은 수많은 과정을 통과하지 못하여 오직 필자만이 30대 버디와 물속에서 프리다이빙을 한다. 때론 방송국에서도 이런 나의 모습을 촬영하여 다큐멘터리 프로그램에 소개한다. 나는 여전히 100세 시대에 건강하고 천천히 노화를 연장하는 방법은 끊임없는 도전과 열정 있는 삶이라고 나의 일과를 보여주면서 많은 사람이 도전을 통한 행복을 갖기를 바라는 마음이라고 말한다. 지금은 스쿠버 다이빙을 배우는 중이다. 조만간 자격증을 취득해서 아름다운 바닷속을 구경할 계획이다. 젊었을 때 배운 수영, 자전거, 탁구, 골프, 운전, 지금도 진행 중인 카약은 매일 나를 행복하게 한다.

세 번째 행동력으로 퍼즐 맞추기를 시작했다. 어느 날 우연히 지인과 카페에 들어갔을 때, 순간 벽에 있는 유명한 작품들이 나를 사로잡았다. 아름다운 명화들이었다. 모두가 퍼즐로 맞추어 만든 작품이었다. 그 순간 나도 하고 싶다는 생각이 마음속에서 요동을 쳤다. 즉시 카페에 진열된 퍼즐을 구매했다. 도전은 많은 시간과 노력이 필요하다. 인생은 아마도 퍼즐 맞추기와 비슷하다고 볼 수 있다. 작은 조각들을 하나하나 맞추면서 완성해 가는 필자는 이것 또한, 하나의 투자라고 생각한다. 그리고 퍼즐을 맞추면서 지나온 인생과 앞으로 다가올 미래의 조각들을 맞춰 갈 것이다. 당신도 인생의 조각들을 원하는 그림으로 맞추며 살아가 보자. 작은 조각들을 통하여 큰 그림을 만들어 가는 액티브 시니어로 거듭나길 바라면서 이 책을 읽는 모든 분을 응원한다.

나이를 역행하려면
평생 현역으로 존재하라

•••• 평생 현역으로 젊음을 유지하라

100세 시대를 맞이하는 60대들은 사회적으로나 가정적으로나 어느 정도 부양의 의무를 벗어나는 시기다. 또한 60 이후의 삶은 가족에 대한 책임도 벗어나는 시점이다. 경제적인 것도 안정적인 나이다. 하지만 나이란 생물학적 연도를 의미할 뿐이지 인간의 정신적, 정서적, 신체적 상태를 정의하지는 않는다. 오히려 나이가 들수록 삶에 지혜는 더 커진다. 또한 나이는 숫자에 불과하다는 것을 알게 되므로 자신을 위한 삶을 어떻게 살아가야 하는지도 알게 된다.

〈인턴〉이라는 영화를 보면서 더욱 느꼈다. 아날로그 시대에 현역을 지내온 사람이 퇴직 후 디지털로 전환된 시대에 또다시 경력 인턴으로 취직을 하여 생활해 가는 모습은 함께 일하는 동료들에게 본이 되었다. 그리고 영화를 시청하는 시청자들에게도 큰 깨달음을 주었을 것이다. 필자 역시 그 영화를 보면서 그의 유연함과 노련함에 다시 한번 깨닫고 배우는 시간이 되었다. 영화 인턴 속 주인공처럼 평생 유연하고 젊게 현역으로 살아가기 위한 몇 가지 방법을 알아보자.

첫 번째, 나이, 숫자에 얽매이지 말자. 나이란 단순히 숫자일 뿐이다. 나이 때문에 자신을 제한하지 말고, 모든 가능성을 열어두어야 한다. 현역에 있을 때는 새로운 것을 시작한다는 것이 두렵다는 생각을 하지 않게 된다. 젊음을 믿기 때문이다. 그러나 나이가 들수록 새로운 것을 만나면 두려워한다. 나이라는 생물학적 시간에 생각이 사로잡히고 있기 때문이다.

하지만 나이는 숫자에 불과하며 지금까지 학교에서 배운 것으로 살았다면 남은 인생을 위하여 자신이 좋아하는 것을 배우며 살아가야 한다. 현역으로 있을 때 자신 있고 당당함을 유지하기 위하여 새로운 현역의 길을 찾아야 한다. 그것이 꼭 돈을 버는 것이 아니어도 된다. 자신을 위한 삶이라면 된다. 어느 유명한 아나운서는 모두가 원하던 자리를 떠나 귀향하여 시골에서 흙을 벗 삼아 땀을 흘리며 자연과 함께 현직에서 살아가는 모습을 보여준 적이 있다. 나는 그 또한 그대로 아름다움이라고 표현하고 싶다. 지금까지 계속 근무하던 곳에서 있는 것만이 현직이라고 볼 수 없다.

두 번째는 새로운 것에 대한 학습이 필요하다. 배우는 것을 멈추지 않는 것은 젊음을 유지하는 열쇠이다. 언어를 배우거나 새로운 기술을 익히는 것처럼 지속해서 도전을 받아들이는 것이 두뇌를 활발하게 유지하고 노화를 늦추는 방법이다. 우리가 말하는 학습과 도전들은 학문적인 것이 아니라 다양한 분야들을, 경험하지 못했던 것들을 배울 때 더욱 풍요로운 삶으로 살아갈 수 있다. 끝없이 배우고 성장할 때 사람은 젊고 활기찬 생활을 할 수 있게 된다.

세 번째, 모든 것의 기본은 건강이다. 건강한 몸이 건강한 마음과 정신을 만든다.

건강이 중요하다고 수없이 말한다고 건강해지는 것은 아니다. 행동으로 옮겨야 한다. 젊음을 유지하려면 필요한 많은 것들이 있지만 그러한 것들조차 건강해야만 할 수 있기에 잔소리 같은 이야기를 반복하고 있다. 이제 여러분의 생활계획표에 운동시간을 적어보자. 하루 중 매일 규칙적으로 뭔가를 할 수 있는 자유로운 시간은 새벽이다. 새벽은 하루 중 타인으로부터 방해받지 않는 시간이다. 자신과 싸움에서 이길 수 있다면 새벽을 추천하고 싶다. 필자도 새벽 운동을 통하여 많은 시간의 효율성과 관계를 유지하게 되었다.

네 번째는 마음의 나이를 젊게 유지해야 한다. 그렇기 위해서는 긍정적인 생각과 개방적인 사고방식이 젊음을 유지하는 데 중요한 역할을 한다. 심리학 학자들의 연구에서 발표한 것을 보면 스트레스와 불안감은 노화를 촉진한다고 한다. 그러므로 긍정적인 마음가짐을 갖고 매사 감사하는 생활을 할 때 행복감이 높아진다는 연구결과가 있다. 몸과 마음 모두 젊음을 유지하려면 긍정적인 사고방식과 개방적인 태도를 가져야 한다.

다섯 번째는 사회적 관계와 커뮤니티를 가져야 한다. 사회적 관계가 풍부한 사람들이 더 행복하고 건강하게 오래 사는 것을 볼 수 있다. 어느 연구가가 세계적인 장수마을들을 탐방하며 장수의 비결이 무엇인지를 알기 위하여 여러 곳을 다녀온 후 하는 말에서 필자는 많은 힌트를 얻었다. 그는 나라가 다르고 문화가 달라도 장수하는 사람들의 생활습관과 생활은 많은 공통점이 있다고 말했다. 몇 가지 공통점은 아래와 같다.

1. **건강한 식단** : 먹고 싶은 음식이 아닌 몸에 좋은 음식으로 식단을 만들고 생활하고 있다. 심혈관질환에 좋은 통곡물, 단백질이 풍부한 장(콩), 건강에 좋은 아보카도, 항암 효과가 뛰어난 마늘 등이 있다. 또한, 적절한 칼로리 섭취와 자연 그대로의 식품을 들 수 있다.

2. **규칙적인 신체활동** : 꼭 시간을 내서 헬스클럽을 찾거나 마라톤을 하는 것이 아니라 생활 속에서 몸을 움직이는 것을 말한다. 자동차를 운전하는 대신 걸어 다니며 대중교통을 이용하거나 일을 기계에 맡기지 않고 손, 발을 사용하는 것이다. 기계화된 시대에 어울리지 않는 모습이다. 그

러나 그러한 모습들이 시간과 돈을 들여서 운동하지 않아
도 충분히 건강을 유지할 수 있게 해 주는 것이다.

3. **강한 사회적 연결** : 계속 현직이라는 생활을 연장한다면
   그것은 젊음을 유지하는 데 큰 도움이 된다.

4. **긍정적인 마음가짐** : 스트레스를 줄이고 어려운 상황에서
   도 마음의 평온을 유지하는 데 도움을 준다. 그뿐 아니라
   다른 사람들과의 관계를 더 좋게 만들고, 주위 사람들에게
   도 긍정적인 영향을 준다.

5. **의미 있는 삶** : 장수마을 사람들은 모두 크고 작은 '목표'를
   갖고 생활한다. 떠밀려서 남들이 하는 대로 사는 것이 아
   니라 각자의 의미 있는 생활을 한다.

6. **자연과 밀접한 생활** : 장수마을은 자연과 함께하는 것을
   볼 수 있다. 높은 산과 맑은 계곡 또한, 바다가 근접하여
   자연환경이 뛰어나고 전통적인 생활 방식을 유지하며 생
   활하고 있다.

이런 공통점은 단순히 오래 사는 것을 뛰어넘어 건강하고 활
기찬 삶을 살아가는 데 중요한 요소들로 알려졌다. 장수마을의
생활 방식들은 우리가 현대 사회에서 좀 더 건강하고 균형 잡힌
삶을 유지하는 데 중요한 지침서가 되고 있다.

항상 만나고 싶고
필요한 사람이 되어라

문자가 한 통 왔다.

"작가님을 만나고 싶어 하는 사람이 있어요. 언제 시간이 되나요."

지인에게서 온 문자다. 책을 읽고 너무 감동되어서 꼭 뵙고 싶다는 팬이 가끔 있다. 도전하고 있는 내 모습을 닮고 싶은 젊은 친구들이다. 감사하다. 연예인도 아닌데 책 속에서 함께하는 그 시간이 좋았나 보다. 장미꽃과, 예쁜 손수건, 손 편지 같은 선물들은 나를 오랫동안 감동하게 해주었다. 무엇보다, 선물보다, 시간을 내어 찾아왔다는 것이 고마웠다.

필자도 만나고 싶은 사람이 있다. 오래전 일이다. 그분은 힘들었던 나에게 찾아와 힘과 용기로 살아가는 의미를 주었다. 언제나 희망이라는 단어를 갖고 꿈을 꾸게 했으며 할 수 있다는 용기를 주었다. 지금은 만날 수 없지만, 아직도 나는 그분이 주었던 많은 긍정의 에너지가 전해지고 있는 것 같다.

이렇듯 항상 만나고 싶고 필요한 사람이 되려면 어떤 모습을 갖추어야 할까? 내가 생각하는 만나고 싶은 사람들이 가진 공통적 특징은 이런 것들이 있다.

1. **긍정적인 에너지**를 주는 사람, 밝고 기분을 좋게 만들고 어려운 상황에도 희망과 용기를 줄 수 있는 사람

2. **진심으로 소통**하며 자신의 이야기를 잘 들어주고, 진심 어린 관심과 공감을 보여주는 사람

3. **배울 점**이 있는 사람, 지식이나 다양한 경험을 통해 배울 것이 많은 사람

4. **주변 사람에게 좋은 영향**을 미치며, 만나면 편안함과 안전감을 느끼게 하는 배려심이 있는 사람

아마도 우리가 이런 사람을 만난다는 것은 자신 또한 그런 사람이 되어야 하지 않을까 한다. 사람도 마찬가지로 모든 것이 상대적이다. 좋은 사람 나쁜 사람은 따로 없다. 상대에 따라 말하

고 행동하기 때문이다.

우리는 살아가면서 다양한 사람들을 만난다. 하지만 그중에서도 '항상 만나고 싶은 사람'은 특별하거나 가장 자신을 이해해주는 사람이라고 생각한다.

항상 만나고 싶은 사람은 진정성을 가지고 있는 사람이다. 말과 행동뿐 아니라 상대방을 진심으로 이해하는 마음과 공감할 때 서로의 만나고 싶은 사람이 될 것이다. 또한 만나고 싶은 사람은 긍정적인 에너지를 가진 사람이다. 긍정직인 에너지는 사람을 끌어당기는 힘과 기분을 좋게 하는 능력이 있다.

그리고 만나고 싶은 사람은 자기 발전을 위해 끊임없이 노력하고, 새로운 경험을 통해 나누려는 사람이다. 그들과의 대화는 한곳에 안주하지 않고, 자신을 계속해서 발전시키기 때문에 신선하고 새롭다. 이런 사람들을 사람들은 만나고 싶어 한다.

그리고 가장 중요한 것이 있다. 만나고 싶은 사람은 타인을 배려하는 마음을 가진 자다. 자신의 이익만을 추구하지 않고, 다른 사람의 입장을 고려하며 행동하는 사람이다.

항상 만나고 싶은 사람은 완벽한 사람이 아니다. 실수도 약점도 있지만 부족함을 인정하고 극복하기 위해 노력하는 사람이다. 여러 가지로 만나고 싶은 사람의 모습을 그려봤다.

이것 또한 상대적이다. 무엇보다 먼저 자신이 이런 사람이 되어보는 것이 우선일 것 같다.

필자도 만나고 싶은 사람이 있다. 언제나 나를 응원하며 할 수 있다는 용기를 주는 사람이다. 그를 만나면 하고자 하는 모든 것을 다 할 수 있다는 생각을 하게 한다.

지금까지 앞만 보고 책임감을 감당하기 위해 살았다면 이제는 주위를 돌아보며 자신을 만나고 싶어 하는 사람들을 만들어가보자. 먼저 자신이 하는 일과 삶이 행복해야 한다. 행복한 당신을 사람들은 만나고 싶어 할 것이다.

재정관리의 힘이
노년의 행복이다

나이가 들어감에 따라 우리는 많은 변화를 겪게 된다. 그중에서도 가장 큰 변화는 경제적인 측면일 것이다. 은퇴 후의 삶은 우리가 평생 쌓아온 재정적 기반 위에 세워지게 된다. 이는 곧 재정관리의 중요성을 강조하는 것이며 노년의 행복과 직결되는 문제다.

그러므로 체계적인 재정관리는 경제적 안정을 가져다준다. 젊었을 때부터 꾸준히 저축하고 투자하는 습관을 들어다보면 노년에 여유로운 삶을 누릴 수 있다. 이는 단순히 생활비를 걱정하지 않는 것을 넘어서, 취미생활이나 여행 등으로 삶의 질을 높이는 활동으로 이어질 수 있다.

재정관리는 건강과도 밀접한 관련이 있다. 경제적 여유가 있다면 정기적인 건강검진을 비롯하여 필요한 의료 서비스를 받을 수 있어 노년의 건강을 더 잘 관리할 수 있게 되므로 건강은 곧장 행복으로 이어진다.

　　그리고 재정적 독립은 자존감과 자유를 높여준다. 타인에게 경제적으로 의존하지 않고 자신의 삶을 꾸려나갈 수 있다는 것이 노년의 자존감을 높이는 중요한 요소다. 이는 정신적인 안정감과 행복으로 이어진다. 잘 관리된 재정은 가족 관계에도 긍정적인 영향을 미친다.

　　또한 재정관리는 단순히 돈을 모으는 것 이상의 의미를 지닌다. 그것은 노년의 삶의 질을 결정짓는 중요한 요소이며 행복한 노후를 위한 필수적인 준비 과정이다. 젊었을 때부터 재정관리를 시작한다면 그 힘은 결국 노년의 행복으로 돌아와 액티브 시니어로 멋있는 생활을 할 수 있게 해 줄 것이다.

　　유대인 속담에 "나이 들수록 입은 닫고, 지갑은 열어야 한다."라는 말이 있다. 남의 이야기는 듣지 않는 어른에게 하는 말이다. 어른이란 쓸데없는 참견보다 실질적인 도움을 주는 존재여야 한다. 나이 들수록 지갑을 여는 것과 함께 마음을 여는 것이 더 존중받는다. 젊은이들의 생각을 인정하고, 하고 싶은 것을 하도록 도와주고, 힘들 때 옆에서 조용히 응원하는 어른이 진정한 힘이 있는 어른이다.

아울러 돈과 인심은 먼저 쓰고 대가를 바라지 않아야 빛이 난다. 대가를 바라는 것은 인간관계를 거래 관계로 변질시킬 우려가 있다. 지갑을 열어 돈을 잘 쓰려면 여유가 있거나 지속적인 소득이 나오는 파이프라인을 만들어 두어야 한다. 그것이 노년의 힘이고 행복이다. 어른이라고 생각하면 입은 닫고 새로운 것을 배우는 학생이 되면 최고다. 가르치려 하지 말고 거꾸로 젊은 친구들에게 배우는 어른이 현명하다. 사람에게는 두 개의 눈과 두 개의 귀, 하나의 입이 있다. 많이 보고 많이 듣되 적게 말하라는 것이다. 지갑을 열지 않아도 귀를 열어 경청하는 사람을 사람들은 좋아한다. 이 또한 연습이 필요하다.

필자도 가르치는 일을 했었던 습관이 나올 때가 있다. 그럴 때마다 '내 생각을 말하지 말자. 입을 다물자. 상대의 이야기를 들어주자. 묻는 말에 대답만 하자.'라며 속으로 다짐하지만, 순간 말을 하고 있는 자신을 발견하게 된다. 그리고 후회를 한다. 그것이 교육적이고 좋은 이야기라 할지라도 받아들이는 사람의 생각과 자세에 따라 반응은 다르게 나타나기 때문이다. 이것도 훈련과 노력이 필요하다.

경청만 할 수 있을 때까지 배우고 익히는 것이 존경받을 수 있는 어른이 되는 길이고 노년의 행복을 누릴 수 있는 길이다. 우

리는 새로운 도전들을 통하여 삶을 윤택하게 하는 길을 택해야
한다.

　노후를 잘 지내고 있는 친구가 있다. 그는 50에 명예퇴직을
하고 바다와 산과 모두가 휴양하고 싶은 제주도로 이사를 했다.
그리고 25년이 지났다. 건강을 중요하게 생각하며 실천했던 그
는 지금도 건강한 몸으로 제주살이를 잘하고 있다. 그가 노후에
도 건강한 삶을 유지할 수 있는 것이 무엇인가 생각해 본다. 그
는 늘 감사하는 생활을 했다. 또한 이웃의 어려운 사람들을 돌보
는 일을 했다. 오래된 일이지만 그중 나도 한 사람이다.

　어느 날 전화가 왔다. 서울에 왔다는 안부 전화였다. 몹시 추
운 겨울날이었다. 수돗물이 얼고 보일러조차 동파되었다. 난방
은 안 되고 집은 추울 때 나에 대한 근황을 설명했다. 이튿날 그
는 나에게 찾아왔다. 건너 주었던 봉투 속에는 보일러를 교체하
는 비용이 들어있었다. 내 평생 처음으로 받아보는 것이었다. 모
든 것을 혼자 감당해야 했던 나로서는 눈물과 함께 감사했던 마
음은 내 평생 은혜가 되어 잊을 수 없는 한 부분이 되었다.
　돈이란 이렇게 잘 사용하면 살아가는 데 용기와 힘을 주기도
한다. 그러므로 재정이란 어떻게 관리하며 살아가느냐에 따라
그들의 후반전 삶이 달라진다.

필자의 아들은 장성하여 어엿한 회사에 다닌다. 이름 뒷자리에 이사라는 명함이 붙었는데도 그의 생활 태도는 겸손하고 절약적이다. 그는 당근이라는 중고거래 사이트를 좋아한다. 다른 사람들도 좋아하지만 유독 더 좋아하는 것 같다. 아마도 노후를 위한 준비를 하고 있어 보인다. 절약하고 있는 아들이 든든하다. 사람은 지금의 상황들이 영원할 것 같은 착각을 하며 산다. 그러나 영원한 것은 하나도 없다. 젊음도 건강도 재정도 인간관계도 관리할 때만이 내 옆에 있는 시간이 길어질 뿐이다.

100세 시대, 이제 좀 더 건강한 삶을 어떻게 유지하며 준비할 것인가는 각자의 몫이다. 다만 지금까지 내 경우의 사례를 풀어 보았으니 이를 참고하기를 바란다. 재정관리의 힘이 노년의 힘이라면 앞으로 자신만의 미래를 위하여 어떤 준비부터 해나가면 좋을까? 그에 대한 해답을 하나씩 찾아서 실천해 보자.

Chapter.3

슬로 에이징의
필요조건, 건강

내 몸이 가장
진실한 자산이다

사람들은 살아가는 동안 다양한 형태의 자산을 축적하고 관리한다. 부동산, 주식, 예금, 지적 재산권 등 유형과 무형의 자산들이 우리 삶을 풍요롭게 만들어 준다.

하지만 이 모든 자산 중에 가장 근본적이고 진실한 자산은 바로 우리의 몸이다. "내 몸이 가장 진실한 자산이다."라는 말의 의미를 생각해 보면, 우리 삶의 모든 측면에서 중요성을 깨달을 수 있다. 우리 몸은 여러 면에서 독특한 특성을 보이는 자산이다.

각자의 몸은 대체 불가능한 유일한 자산이다. 다른 모든 물질적 자산은 잃어버리거나 망가져도 다시 복원할 수 있지만, 우리의 몸은 그렇지 않다. 이 사실 하나만으로도 우리의 몸은 얼마나 소중한지 알 것이다.

건강한 몸은 우리가 일하고 소득을 얻을 수 있도록 충분한 체력과 정신력이 되어 준다.

다른 자산과 마찬가지로 우리의 몸도 관리와 투자를 통해 그 가치를 높일 수 있다. 규칙적인 운동, 균형 잡힌 식단, 충분한 휴식, 스트레스 관리 등은 몸에 대한 투자이다. 이러한 투자는 시간이 지날수록 복리 효과를 내며 우리 몸의 가치를 높여준다.

우리 몸은 어떤 자산보다 빠르고 정직한 피드백을 준다. 건강에 해로운 행동을 하면 즉시 그 결과가 나타나고 이로운 습관을 들이면 긍정적인 변화를 느낀다. 이토록 반응이 빠른 것도 역시 몸이다.

젊었을 때 몸에 투자한 시간과 노력은 나이가 들어서도 이익을 가져다준다. 이는 금융 투자에서의 복리 효과와 유사하며, 젊어서 시작할수록 더 큰 혜택을 누릴 수 있다. 4, 50대에 형성한 건강한 생활습관은 노년기의 삶을 행복하게 한다. 우리 몸을 가장 중요한 자산이라고 인식한다면 자산관리의 원칙을 건강관리에 적용해 보자.

• **균형 잡힌 투자** : 자산관리 포트폴리오를 다각화하듯 우리

도 몸이라는 자산을 여러모로 관리해야 한다. 단순히 신체적 건강에만 집중하는 것이 아니라, 정신적 건강, 감정적 안전, 사회적 관계 등 다양한 측면에 균형 있게 투자해야 한다.

- **금융 자산을 정기적으로 점검하듯 우리 몸 상태도 꾸준히 관찰해야 한다.** 정기적인 건강검진은 우리 몸이라는 자산의 '재무제표'를 확인하는 것과 같다. 이를 통해 잠재적인 문제를 조기에 발견하고 대처할 수 있기 때문이다.
- **전문가의 조언은 필수다.** 투자할 때 전문가의 조언을 구하듯 건강에 관해서도 전문가의 조언을 구해야 한다. 의사, 영양사, 운동 전문가 등 각 분야의 전문가들은 우리 몸을 더 효과적으로 관리하는 방법을 제시해 줄 수 있다.
- **장기적인 안목이 필요하다.** 단기적인 이익에 현혹되지 말고 장기적인 관점에서 건강을 관리해야 한다. 급격한 운동이나 단기적인 변화를 추구하기보다는 지속 가능한 건강습관을 만드는 것이 중요하다.

몸이 자산이 될 때 우리에게는 많은 유익이 따라온다. 그 이익은 다음과 같다.

1. **경제적 이익이 있다.** 건강한 몸을 유지하며 모든 질병에서 해방되므로 질병 치료에 드는 비용을 절감하게 되고, 생산

성 향상에 효율성을 높여 보다 나은 경제적 성과로 이어진다. 집중력 향상, 에너지 증가, 스트레스 감소 등은 삶의 질을 높여주며, 은퇴 후에도 일할 수 있어 안정적인 수입을 창출할 수 있다.

2. **삶의 질이 향상된다.** 건강한 몸은 일상생활에서 많은 에너지와 활력을 제공한다. 이는 업무 성과뿐 아니라 여가 생활의 질도 높여준다. 또한, 규칙적인 운동과 건강한 생활 습관은 스트레스 관리에 큰 도움을 주므로 정신 건강 개선으로 이어져 전반적인 삶의 만족도를 높인다.

3. **노후대비가 된다.** 젊었을 때부터 건강을 관리하면 노년기에 더 높은 삶의 질을 유지할 수 있다. 이는 단순히 수명 연장을 넘어 활동적이고 독립적인 노후 생활을 가능하게 한다. 건강한 생활습관은 고혈압이나 당뇨 같은 만성질환으로부터 예방이 된다.

4. **기회가 많이 주어진다.** 건강한 몸은 여행을 통하여 다양한 경험과 체험을 할 수 있으며 그로 인하여 체력과 정신력이 뒷받침되므로 더 도전적인 삶을 살 수 있다.

5. **관계의 질이 좋아진다.** 건강한 부모는 자녀와 더 활발히

상호 작용하고 오랫동안 가족을 돌볼 수 있다. 이는 가족 간의 유대를 강화하고 세대 간의 소통을 원활하게 한다. 또한, 활력이 넘치는 삶은 활발한 사회 활동으로 인간관계가 풍요롭다.

6. **자기 자신의 자아를 실현하게 한다.** 건강한 몸과 마음은 개인의 목표를 달성하는 데 필수적인 요소이다. 체력과 정신력이 뒷받침되면 더 큰 목표를 설정하고 달성할 수 있다. 또한, 자기 몸을 잘 관리하는 과정에서 얻는 성취감은 다른 영역에서 성공으로 이어진다. 이는 자아 존중감과 자기 효능감을 높여준다. 이러한 것들을 미리 준비하고 생활한다면 여러분의 미래는 어떠한 변화가 온다 해도 대처할 수 있는 능력이 생길 것이다. 모든 것은 정신력에서 오고 있고 정신력은 건강할 때 가능하다.

당신의 몸은 그 어떠한 것으로도 바꿀 수 없다. 몸은 당신의 가장 진실한 자산이다. 부디 당신의 가장 큰 자산이자 유일한 자산인 몸을 건강하게 잘 관리해서 멋있고 활기찬 액티브 시니어의 삶이 되기를 바란다.

'인생 나이'가 아니라
'뇌 나이'가 진짜다

인생 100세 시대를 맞아 많은 연구가가 100세까지 젊은 뇌를 유지하는 방법들을 내놓고 있다. 그러나 인생에는 정답이 없다. 각자의 삶의 방식과 생각이 모두 다르기 때문이다. 분명한 것은 생명이 연장되어 당신은 앞으로 훨씬 더 오래 살아야 한다는 사실이다.

2022년 보건복지부가 발표한 것을 따르면 한국인의 기대 수명은 83.6세, 24년 현재는 84.4세로 나타나며, 여자는 87.3, 남자는 81.3으로 예상되고 있다. 또한 90세 이상 되는 인구수는 94만 명에 달하고 100세를 넘은 분들은 3만 명에 달한다고 추정하고 있다. 이같이 고령화가 빠르게 진행되는 사회에서 젊은 뇌를 유지하기 위해서 많은 방법들이 소개되고 있다.

지난 1950년대에는 기대 수명이 약 45~50세였다. 비해 2000년대에는 84세로 두 배에 가까운 수명이 연장되었다. 주위를 둘러보면 90세를 넘어 100세를 바라보는 분들도 많이 계신 것을 볼 수 있다. 그러나 그분들 중 활동하는 분을 찾아보는 것은 극히 어려운 일이다. 대부분 요양원이나 다른 사람들의 도움을 받고 있다.

이런 모습들을 바라보며 앞으로 40, 50, 60대라면 무엇을 준비해야 할까? 인생 나이가 아닌 뇌 나이를 젊게 유지하려는 노력과 습관이 필요할 것이다. 그에 따른 방법들은 어떤 것들이 있을까?

1. **규칙적인 운동** : 유산소 운동과 근력운동은 우리가 하나의 루틴으로 습관화해야 할 것이다. 바쁘다는 핑계로 우선순위에서 밀리게 되면 우리가 생각하는 건강한 노후의 삶을 살 수 없다는 것을 기억하자. 자기와의 싸움에서 이길 때 즐거움과 행복이 찾아올 것이다.

2. **균형 잡힌 식단** : 오메가-3 지방이 풍부한 생선을 섭취하며 항산화 물질이 풍부한 과일과 채소, 또한 밭곡식류와 견과류 등을 섭취하도록 한다. 한국의 대표적인 장수마을

전라남도 구례, 경상북도 청송에 사는 사람들의 식습관을 보면 다음과 같다.

- **잡곡밥** : 현미, 보리, 조, 수수 등 다양한 잡곡들을 섞어서 식사한다.
- **된장국** : 콩으로 만든 된장을 이용한 영양가 높은 것으로 발효음식을 먹는다.
- **나물류** : 산나물, 들나물 등 자연에서 나는 것으로 채취를 하여 건강식으로 요리를 한다.
- **김치** : 김치를 발효시킨 후 저장하여 식사를 한다.
- **생선** : 단백질이 포함된 생선을 이용한 요리를 한다.
- **뿌리식물** : 마늘, 도라지, 더덕 등을 활용한 건강식을 한다.

이렇듯 식단은 현대인들이 좋아하는 달콤한 것이 아닌, 건강에 좋은 것으로 식단을 꾸밀 때 뇌 건강뿐 아니라 신체적 전체의 건강까지도 모두가 좋아진다.

3. **충분한 수면** : 수면은 매일 7~9시간의 양질의 수면이 필요하다. 그러기 위해서는 저녁 시간을 잘 관리해야 한다. 일찍 잠자리에 드는 습관이 필요하다.

4. **스트레스 관리** : 바쁜 일상에서 스트레스가 가장 위험한

존재로 우리에게 다가온다. 그러므로 자기만의 대처 방법을 갖고 있어야 한다. 명상이나 요가, 심호흡 운동으로 관리를 해야 한다.

5. **지속적인 학습** : 죽을 때까지 배우는 것을 게을리해서는 안 된다. 뇌 건강의 학습은 전반적인 삶의 질을 향상하고, 장기적인 뇌 기능 유지를 위해 매우 중요하다. 그 이유는 다음과 같다.

- **인지 기능 향상** : 학습은 새로운 정보를 받아들이고 이를 처리하는 뇌의 능력을 지속해서 자극한다. 이를 통해 기억력, 집중력, 문제 해결 능력 같은 인지 기능이 향상되며, 뇌의 유연성을 유지할 수 있다.

- **신경 가소성 강화** : 학습은 뇌의 가소성을 촉진시킨다. 가소성이란 뇌가 새로운 경험이나 학습을 통해 스스로 구조를 변화시키고 적응하는 능력이다. 이를 통해 나이가 들어도 새로운 기술을 익히거나 기억을 유지하는 능력을 향상할 수 있다.

- **치매 예방** : 우리가 가장 두려워하는 부분이다. 그러므로 지속적인 학습으로 뇌를 자극하여 치매 같은 퇴행성 질환을 늦추는 데 도움을 줄 수 있다.

그러므로 뇌 건강을 위한 지속적인 학습은 신체 건강만큼이나 중요한 요소이며 평생 꾸준히 학습하는 것이 뇌의 기능을 유지하는 데 필수라고 볼 수 있다.

6. **사회적 교류 유지** : 친구나 가족과의 정기적인 만남 또는 지역 활동 참여, 종교 활동을 통하여 우리의 생활 반경이 넓어지고 움직이게 하는 방법의 하나다.

7. **뇌 건강에 해로운 습관 피하기** : 과도한 알코올 섭취를 줄 어야 한다. 또한, 흡연은 몸과 주변에도 나쁜 영향이 되므 로 될 수 있는 대로 않는 것이 좋다.

8. **뇌 자극 활동** : 뇌 자극 활동을 통하여 창의적인 취미활동 은 새로운 활력을 준다. 예로, 그림 그리기, 글쓰기 등 여 러 활동을 통하여 새로운 경험이나 활동들에 자주 노출될 때 건강한 뇌를 유지할 수 있다.

이러한 방법들을 통하여 20~30대 이후 급속하게 노화되는 뇌를 젊은 뇌로 연장하며 평생 관리한다면 우리가 원하는 시간만큼 살아갈 수 있다고 전문가들은 말하고 있다. 아직도 현직에서 멋있게 살아가고 있는 노장들의 모습을 보면서, 100세 시대의 주인공인 액티브 시니어로 활동하는 그날까지 우리 모두 인생 나이가 아닌 진짜 나이, 뇌의 나이로 생활하기를 기대해본다.

데일리 루틴에 반드시
들어가야 하는 '운동'

액티브 시니어로 멋있는 생활을 하기 위해서는 건강이 중요하다는 것을 아마도 모든 사람이 알고 있을 것이다. 하지만 알고 있다고 해서 모두가 행동하지는 않는다. 그래서 아는 것과 행동하는 것 사이에서 많은 차이를 가져온다. 좀 더 삶에 가치를 두고 멋있고 건강하게 살아가고자 하는 사람들은 데일리 루틴을 세우고 행동한다.

그러나 그 모든 것이 작심삼일이라는 불명예를 안고 있다. 왜? 의지가 약하다고 볼 수 있지만, 그것은 습관이 되어 있지 않았기 때문이다. 요즘같이 바쁜 세상에 우선순위에서 밀리기 때문이다. 현재가 아닌, 멀다고 생각하는 미래에 일어나는 일이라고 생각하기 때문이다. 아직은 급한 것이 우선시되기 때문이기도 하다.

허두영 저자의 《데일리 루틴》의 소제목이 내 눈길을 끌었다. "나는 오늘만 최선을 다하기로 했다."

얼마나 멋있는 생각일까? 오늘에 최선을 다한다면 우리가 만들어놓은 길은 쉬워질 것이다. 오늘이 쌓이면 인생이 되기 때문이다. 점이 모여 선이 그려지듯이 말이다.

필자는 하루, 한 달을 시간별로 정해놓고 생활한다. 그리고 저녁에는 점검하는 생활을 하고 있다.

물론 때론 변수가 있는 날이 있다. 그러나 그 또한 유연하게 대처하며 시간을 유동적으로 움직이고 있다. 필자의 시간표에서 가장 중요한 것은 '운동' 시간이다. 필자는 오랜 시간 동안 하고 싶은 것들을 즐기기 위해 건강해야 하므로 운동을 최우선으로 삼고 있다. 아무한테도 방해받지 않는 시간은 새벽이다. 모두가 잠들어 있거나 하루를 준비하는 시간이므로 타인으로부터 시간을 도둑맞을 일이 없다. 그래서 루틴대로 사용할 수 있어 가장 중요한 운동 시간을 새벽으로 정했다.

많은 시간이 흘렀지만, 변함없이 매일 새벽마다 루틴을 달성하며 건강한 몸과 정신을 가질 수 있었다. 이와 마찬가지로 다른 부분도 같은 생각과 루틴들로 움직이고 있다.

지금 쓰고 있는 이 책은 내가 가장 편한 시간에 다른 루틴의 시간을 제외하고 쓰고 있다. 이 또한 처음에는 어려웠지만 계속하다 보니 자투리 시간을 활용할 수 있는 중요한 시간이 되었다. 습관은 하루하루 최선을 다할 때 그것이 생활로 이어져 우리를 행복하게 해준다.

필자는 매일 8km의 카약 마라톤을 타기 위하여 자전거로 왕복 15km의 거리를 달린다. 자동차로 갈 수도 있지만, 자전거를 타고 가는 것은 운동하려는 수단이어서다. 그리고 자신에 대해 칭찬을 할 수 있는 시간이기도 하다. '잘 해내고 있다'라고 행복을 느낄 수 있는 순간이다. 성공하는 사람은 좋은 루틴을 습관으로 생활하는 사람들이다. 성공한 사람은 자신의 의지와 싸우지 않는다. 의지와 싸우는 대신 자신만의 성공 루틴을 만들어 실행하는 사람들이다. 절대 의지와 싸우지 말고 자신의 루틴을 만들어 실천해 보자.

현대 사회에서 살아가고 있는 우리는 바쁜 일상에 쫓겨 자신의 건강을 소홀히 한다. 하지만 우리 삶의 질을 결정짓는 가장 중요한 요소 중 하나는 바로 건강관리다. 규칙적인 운동은 단순히 체중 관리나 근력 향상에만 도움이 되는 것이 아니다. 운동은 신체적, 정신적 건강에 영향을 미치며, 심혈관질환의 위험을 낮추고, 면역 체계를 강화하며, 스트레스를 줄이고 우울증에도 도움이 된다는 연구결과도 있다. 또한 인지 기능을 향상시키고 수

면의 질을 개선하는 데 큰 역할을 한다.

매일 운동하는 것이 이상적이지만 현실적으로 어려울 수 있
으므로 최소한 일주일에 3~4회, 30분 이상 운동을 하는 것을 목
표로 해야 한다. 걷기, 조깅, 수영, 자전거 타기 등 자신에 맞는
운동을 선택하여 강도와 시간을 점진적으로 늘려가는 것이 바람
직하다.

운동하는 것이 어렵게 느껴질 수 있지만, 일단 시작하면 그 효
과를 직접 체감하게 될 것이다. 더 많은 에너지와 개선된 기분은
긍정적인 변화를 경험하게 된다. 운동을 통해 얻는 성취감과 자
신감은 삶의 다른 영역에도 긍정적인 영향을 미칠 것이다.

운동은 우리의 일상 루틴에서 결코 빠져서는 안 될 중요한 요
소이다. 건강한 신체는 행복한 삶의 기반이 되며 운동은 그 기반
을 만드는 가장 효과적인 방법의 하나가 될 것이다. 루틴은 각자
의 생활에 따라 다르겠지만, 자신의 환경과 시간들을 고려하여
만들고 유지할 방법들을 생각해 보자.

1. **목표를 설정한다.** 자신의 단기 목표와 장기 목표를 명확히
   한다. 건강 개선, 생산성 향상, 스트레스 감소 등 구체적인
   목표를 정한다.
2. **우선순위를 파악한다.** 일상에서 꼭 해야 하는 일들의 우선

순위를 정한다. 중요도에 따라 나열한다.

3. **시간을 배분한다.** 24시간을 효율적으로 나눈다. 수면, 식사, 업무, 여가 등을 배분한다.

4. **작은 습관부터 한다.** 단번에 큰 변화를 주기보다는 작은 습관부터 시작한다.

5. **일관성으로 유지한다.** 새로운 루틴은 최소 21일 동안 꾸준히 실천한다. 이 기간이 지나면 습관이 형성되므로 즐거움을 느낄 수 있다.

6. **유연성을 갖는다.** 때로는 예상하지 못한 상황이 발생할 수 있으므로 융통성 있게 내처할 수 있는 여유를 갖는다.

7. **주기적인 평가와 조정이 필요하다.** 효과를 주기적으로 평가하고 효과가 없는 부분은 수정한다.

8. **보상 시스템을 만든다.** 지켰을 때 자신에게 보상을 준다. 동기부여에 도움이 된다.

9. **할 수 있는 환경을 만든다.** 예를 들어, 운동한다면 운동에 맞는 운동복을 산다든가 하는 것이다.

10. **아침 루틴의 중요성이다.** 이는 하루를 결정할 수 있는 시간이기 때문이다.

11. **기술을 활용한다.** 알람을 통하여 루틴을 상기시킨다.

12. **충분한 수면이다.** 좋은 루틴을 유지하기 위해서는 질 좋은 수면이 필요하다.

13. **점진적 개선이 필요하다.** 루틴을 확장하기 위해서는 점

진적인 개선이 필요하다.

14. **자기 용서가 필요하다.** 가끔 루틴을 지키지 못할 때도 자책하지 말고 다시 시작하는 것이 중요하다.

이러한 방법들을 참고하여 자신만의 데일리 루틴을 만들고 유지해 보자. 단, 루틴은 삶의 질을 향상하기 위한 도구이지 스트레스의 원인이 되어서는 안 된다. 당신의 멋있고 건강한 내일을 위하여 루틴을 내 삶에 초대해 보면 어떨까?

몸의 밸런스를 이루는
강력한 한 방

현대 사회에서 밸런스는 단순한 유행어가 아닌 필수 요소로 자리 잡고 있다. 100세 시대를 살아가야 하는 젊은 친구들과 지금 살아내고 있는 시니어들에게 밸런스란 살아가는 날까지 유지하며 함께 가야 하는 필수 종목이라고 볼 수 있다.

필자는 카약을 타면서 더욱 밸런스가 중요하다는 것을 몸소 느끼고 있다. 물 위에서 외줄타기와 같은 카약 운동인 K1은 밸런스가 잡히지 않으면 그대로 물에 빠진다. K1을 연습하면서 700번 가까이 물에 넘어지는 경험을 통하여 이제는 물 위에서 외줄 타기인 K1을 타고 유유자적 달리고 있다.

그러나 많은 이들에게 이 균형이라는 개념은 달성하기 어려운 목표로 여겨진다. 필자가 여기서 말하고 싶은 것은 단순히 운동을 통한 밸런스만이 아니다. 삶의 다양한 측면에서 균형을 이루는 방법과 그 중요성에 대하여 살펴볼 것이다.

- **음식** : 영향의 균형 잡힌 식단은 건강한 삶의 기초다. 이는 칼로리 계산이 아닌, 다양한 영양소를 적절한 비율로 섭취하는 것을 의미한다. 탄수화물, 단백질, 지방의 균형은 신체 기능을 최적화하고 에너지를 유지해 준다.
- 35세 직장인 ○○○ 씨는 일상 속에서 패스트푸드에 의존하다 만성 피로와 체중 증가로 고민했다. 그러던 중 지인의 소개로 영양사와 상담 후 주말마다 일주일 식단을 준비했다. 그 후 다양한 채소, 단백질, 통곡물을 포함한 균형 잡힌 식단으로 전환한 지 3개월 만에 체중 감소와 에너지 레벨이 향상되었다고 한다.

필자 역시 균형 잡힌 음식을 섭취한 결과 1년 만에 64kg에서 무려 14kg을 감량하고 지금은 아주 건강하고 활기찬 생활을 하고 있으며 또한 만성질환이라는 혈압약도 이제는 먹지 않는다. 그렇듯 균형 있는 식단은 우리의 모든 질병도 예방하므로 건강한 삶으로 생활할 수 있다.

- **운동** : 규칙적인 운동은 건강한 삶의 핵심요소다. 하지만

운동에도 균형이 필요하다. 유산소 운동과 근력운동을 적절히 하여 심혈관 건강과 근력을 동시에 개선해야 한다. 과도한 운동과 충분한 휴식 사이에 균형을 찾는 것이 중요하다. 휴식은 단순히 아무것도 하지 않는 것이 아니라, 질 좋은 수면, 명상, 독서 등 다양한 형태로 취할 수 있다. 신체와 정신을 회복시키고 스트레스를 줄이는 데 도움을 주며 이러한 휴식의 균형은 장기적인 건강과 생산성에 기여한다.

- 요즈음 마라톤을 즐기는 사람들을 많이 만난다. 40세 되는 지인 한 분은 매일 달리기에 몰두하다가 만성 피로와 잦은 부상으로 고통을 받았다. 그 후 전문가의 조언으로 주 3회 러닝 운동, 2회 근력운동, 그리고 2회는 휴식으로 루틴을 바꾼 결과, 부상 없이 더 나은 몸 상태로 마라톤에 다시 참가하여 개인의 신기록까지 경신하는 결과를 가져왔다.

모든 것에는 균형이 중요하다. 과유불급이라고 하지 않던가? 균형이 깨져 극단으로 치우치는 순간 모든 밸런스에 조금씩 금이 갈 수 있으므로 항상 균형 잡힌 생활을 유지할 수 있도록 노력해야 한다.

- **정신** : 정신적 균형은 스트레스와 감정의 조화를 가져오므

로 정신건강의 중요성은 아무리 강조해도 지나치지 않는
다. 명상, 요가, 심호흡 등의 기법은 스트레스를 줄이고 정
신적 평화를 주는 데 도움이 된다. 긍정적인 마인드셋을 유
지하는 것도 중요하다. 이는 항상 행복해야 한다는 의미가
아니다. 오히려 다양한 감정을 인식하고 수용하는 능력이
정신적 균형을 가져온다. 감정의 기복을 건강하게 다루는
법을 배우는 것은 정신적 회복력을 기르는 데 도움이 된다.

- **관계** : 인간은 사회적 동물인 동시에, 개인의 시간과 공간
  도 필요하다. 가족, 친구, 동료와의 관계를 유지하는 것은
  정서적 지지와 소속감을 준다. 그러나 자신만의 공간과 시
  간을 가지는 것도 중요하다. 필자는 취미로 인하여 여러 동
  호회에 가입했다. 뜻이 같은 젊은 친구들과 어울릴 수 있는
  시간이다. 운동도 하고 독서 모임에 참여도 하며 자신의 성
  장을 위하여 시간을 투자하고 있다. 이뿐만 아니다. 70이
  넘어 혼자 사용할 수 있는 공간을 확보하고 필요할 때 시간
  을 보내고 있다. 개인 사무실이다. 이곳에서 글을 쓰며 친
  구를 만나 커피를 마시며 잡담도 한다. 누구의 방해도 받지
  않고 혼자만이 사색할 수 있는 시간은 더욱 행복을 주고 있
  다. 관계의 균형은 우리가 살아가는 데 꼭 필요하다. 균형
  을 잃지 않는 아름다운 삶을 살아가 보자.
- **일과 삶** : 현대 사회에서 자주 언급되는 주제일 것이다. 이

는 단순히 일하는 시간과 그 외의 시간을 동등하게 나누는 것을 의미하지 않는다고 본다. 오히려 직업적 성취와 개인적 만족감 사이의 조화를 찾는 것을 의미한다. 늦은 나이지만 필자는 지금도 일을 한다. 취미로 시작하여 생활 체육지도사 자격증까지 도전한 결과 지금은 필요로 한 곳에서 재능 기부를 하며 일하고 있다.

삶에 밸런스를 갖는다는 것은 살아있다는 자신감과 가르칠 수 있다는 자부심은 필자를 더욱 젊게 하고 있다. 균형을 찾는 것은 단순히 시간 배분이 아니라 삶의 다양한 측면에서 새로운 의미와 활력을 발견하는 과정이라고 말하고 싶다.

또한 균형 잡힌 삶은 모든 것을 완벽하게 통제하는 것이 아니다. 오히려 다양한 삶의 요소들 사이에서 조화를 이루며, 때로는 불안전함을 받아들이는 것이다. 이러한 접근 방식은 스트레스를 줄이고 만족도를 높일 수 있다.

균형 잡힌 식단, 규칙적인 운동, 그리고 긍정적인 마인드를 통해 당신의 나이와 상관없이 건강한 삶을 영위할 수 있기를 바란다.

나 자신을 위해
도전을 허락하라

우리는 종종 안전한 울타리에 머물러있기를 원한다. 익숙함이 주는 편안함에 안주하고, 변화를 두려워한다. 하지만 울타리 밖에는 무한한 가능성이 기다리고 있다.

도전은 우리를 성장시키는 원동력이다. 새로운 경험을 통하여 자신의 한계를 넘어 숨겨진 재능을 발견하게 된다.

필자는 도전이라는 말만 들어도 가슴이 설렌다. 하고 싶은 것이 너무 많기 때문이다.

늦었다고 생각할 수도 있지만 다행인 것은 백세시대에 살고 있다는 것이다. 관리만 잘한다면 젊어서 못 했던 것들을 도전을 통하여 얼마든지 할 수 있다.

모두를 멈추게 했던 코로나19는 필자를 제2의 인생으로 살아가게 했다. 꿈도, 희망도 없던 나에게 새로운 도전을 통하여 인생의 전환점이 되었다. 그리고 지금은 모두가 부러워하는 인생을 살아가고 있다. 내가 도전한 것들은 많지만 그중 많은 사람으로부터 부러워하는 종목이 있다.

첫 번째 도전한 것은 카약이었다. 카약은 나를 '왕누님'으로 등극시키며 멋있는 인생을 살아가게 했다. 그리고 늦은 나이에 k1이라는 스프린트 카약을 타고 있는 나를 TV 프로그램을 통해 세상에 알리고 있다. 지금도 카약으로 시작했던 도전은 또 다른 도전으로 이어져 삶에 활력을 주고, 행복을 느끼게 함과 동시에 모든 것에 열정을 갖게 한다.

다음으로 필자는 1년 전《1% 도전의 행복! 챌린지》라는 책을 출간했다. 첫 책이 나온 기쁨을 함께 나누고 싶어 출간기념회에 지인들을 초대하여 즐거운 추억을 쌓았다. 내 인생 최고의 날이었다. '나도 할 수 있구나. 하면 된다.'라는 자신감이 또 다른 도전을 할 수 있는 원동력이 되었다.

지금은 프리다이빙에 도전하여 자격증을 취득 후 일주일에 한 번씩은 버디와 함께 즐기고 있다. 그에 더해 요트 운전면허증 취득자가 되어 요트를 타며 즐기고 있다. 앞으로 하고 싶었던 것들을 계속해서 도전해 나갈 것이다.

우리는 살아가면서 수많은 선택의 갈림길에 서게 된다. 그중 가장 중요한 선택은 바로 자신을 위한 선택이라고 할 수 있다. 도전은 자신을 성장시킨다. 또한 삶을 풍요롭게 한다. 하지만 많은 사람이 도전의 가치를 간과하고, 그 힘을 충분히 활용하지 못하는 듯하다.

도전은 어려운 일에 맞서는 것만을 의미하는 게 아니다. 도전은 자신의 한계를 시험하고, 새로운 가능성을 탐색하며, 더 나은 자신을 만들어 가는 과정이라 볼 수 있다.

다시 말해 편안함을 벗어나 미지의 영역으로 발을 내딛는 모험이다. 도전의 가치는 측정하기 어려울 만큼 우리에게 가져다주는 행복감과 만족감이 크다. 그 이유는 다음과 같다.

1. **자아를 발견하게 된다** : 자신의 강점과 약점을 발견할 수 있고, 숨겨진 재능을 찾을 수 있다는 것이다.
2. **성장하게 된다** : 새로운 기술을 습득하게 되며 지식을 확장되며, 정신적으로 더욱 강해진다.
3. **자신감이 향상된다** : 어려움을 극복함으로써 자신에 대한 믿음이 생긴다.
4. **창의성이 계발된다** : 새로운 환경에 적응하게 되면 창의적이고 사고 능력이 향상된다.
5. **인생이 풍요로움을 느낀다** : 다양한 경험으로 삶이 더욱 풍요로워진다.

지금까지 말한 다섯 가지는 내가 도전하면서 느꼈던 부분들이다. 그렇다면 왜 많은 사람들이 도전을 주저할까?

1. **실패에 대한 두려움 때문이다.** 실패는 부끄러움이며 아픔으로 생각하기 때문이다.
2. **편안함에 대한 미련이 있기 때문이다.** 현재의 안정된 상태를 포기하기 싫어서다.
3. **자신감이 부족해서 생긴다.** 자신의 능력을 과소평가하거나 도전할 가치를 느끼지 못하기 때문이다.
4. **주위의 압박이 있다.** 주변의 기대나 평가에 얽매여 자유로운 도전을 망설일 때 도전하기 어렵다.
5. **완벽주의자도 어렵다.** 모든 것이 완벽히 준비되어야 한다는 강박 관념에 사로잡혀 도전하기 어렵다.

그러므로 우리는 도전을 위한 마음가짐이 중요하다. 장애물을 극복하는 방법은 다음과 같다.

1. **실패를 배움의 기회로 삼자.** 실패는 성공의 어머니라는 말처럼 실패를 교훈으로 삼겠다는 마음이 중요하다.
2. **작고 쉬운 것부터 도전하자.**
3. **긍정적인 자기 대화가 필요하다.** 자신을 격려하고 지지하는 자신의 목소리를 내보자.

4. **지지 네트워크를 구축해야 한다.** 도전을 응원해 줄 사람과
   함께할 때 더욱 쉬워진다.

   또한 도전의 과정을 즐기는 것이 중요하다. 그 과정에서 얻는
경험과 깨달음은 더욱 값질 것이며 자신의 성장을 인정하고 축
하하며 매 순간을 소중히 생각해야 한다.
   도전은 우리에게 활력을 불러일으키며 더 나은 버전으로 자
신을 이끌어간다.

   도전의 영역은 자신이 허락할 때 이루어진다. 허락하는 첫걸
음이 인생을 어떻게 변화시킬지 누구도 알 수 없다. 하지만 한
가지 확실한 것은 그 길이 당신을 더욱 강하고, 현명하고, 행복
한 사람으로 만들어 줄 것이다. 필자가 도전을 통하여 제2의 인
생을 멋있고 행복하게 살아가고 있는 것처럼, 당신의 무한한 잠
재력을 깨워 액티브 시니어란 도전을 통하여 제2의 인생을 살아
가는 것이라고 보여주며 말할 수 있게 되기를 바란다.

가족을 위해
기도하라

필자는 어려서 성경 속에서 하나님을 만났다. 그리고 그분의 인도를 받으며 생활하고 있다. 인생을 산다는 것이 항상 즐거운 일만 있는 것은 아니다. 성경 말씀 중 "항상 기뻐하라, 쉬지 말고 기도하라, 범사에 감사하라. 이것이 그리스도 예수 안에서 너희에게 향하신 하나님의 뜻이니라."라는 구절이 있다. 나는 성경 말씀대로 그분의 뜻을 알고 그대로 살려고 애를 썼다.

그렇다고 항상 감사할 일만 있지는 않았다. 왜 범사에 감사하라 하는 말씀을 하셨을까? 인생은 항상 편안하지 않다는 것이다. 그러나 그에 대한 최고의 처방은 감사만이 이길 수 있다.

때론 엄청난 태풍으로 앞이 보이지 않을 때도 있었고 앞이 캄

캄한 터널을 지날 때도 있었다. 그럴 때마다 기도했다. 쉬지 말고 기도하라, 범사에 감사하라. 어떻게 기도할까? 태풍이 불지 않게 해달라고 할까? 어두운 터널을 내 앞에서 치워 달라는 기도를 할까? 그러나 필자는 그런 기도는 하지 않았다. 오직 감당할 힘을 구했다. 힘들 때마다 견디게 했던 말이 있다.

"이 또한, 지나가리라"

이 글은 지혜의 왕이었던 솔로몬이 반지 안에 새겨놓고, 어려운 일이 닥칠 때마다 이 말을 기억하며 기도했던 솔로몬을 생각하고, 지나가는 동안 견딜 힘을 구했다. 그리고 감당할 수 있는 지혜를 구하며 어떻게 문제가 해결되는지를 똑바로 바라보며 대처했다.

지나고 보니 그 또한 살아있기에 일어날 수 있는 일이었다. 기도와 감사가 없었다면 단 하루도 견딜 수 없는 지난 시간이었다. 기도는 긴 세월 속에서 모든 것을 감당하게 하는 힘이 되었다. 아마도 그런 신앙적 믿음은 삶에 원동력이 되어 어떠한 고난도 쉽게 이길 수 있게 했을 것이다.

그렇다면 왜 가족을 위해 기도해야 할까? 가족은 삶에서 가장 소중한 존재이기 때문이다. 그들이 건강하고 행복하길 바라는 마음은 인간으로서 매우 자연스러운 것이다. 기도는 단순한 의식이 아니라, 마음 깊이 나오는 사랑의 표현이다. 가족이 힘든 시기를 보낼 때, 우리의 기도는 그들에게 위로와 희망을 전할 수 있게 해 준다.

또한 기도는 가족의 평화를 바라며 힘쓰게 되고, 그 모든 것을 신에게 맡기고 의지할 수 있게 해 준다. 가족을 위해 기도를 한다는 것은 그들에게 줄 수 있는 가장 큰 선물이다. 많은 사람은 가족뿐만 아니라 민족과 국가 정치인들을 위해서도 기도한다. 나아가서는 세계 평화를 위해서 기도를 하고 있다.

그렇다면 기도란? 종교와 영성의 핵심적인 부분으로, 신이나 초월적 존재와 소통하는 행위다. 기도의 개념과 소통 방법은 다양한 문화와 종교의 따라 차이가 있지만, 일반적으로 다음과 같은 요소들을 포함한다.

1. **소통** : 신이나 높은 힘과의 대화 또는 교감이라고 할 수 있다.
2. **청원** : 도움을 요청하거나 용서를 비는 행위 또는 인도를 구하는 것이다.
3. **감사** : 받은 축복에 대하여 감사를 표현하는 것이다.
4. **명상** : 내적 평화와 깨달음을 추구하는 과정이다.
5. **찬양** : 신의 위대함을 인정하고 찬미하는 것이다.
6. **고백** : 자신의 잘못을 인정하고 용서를 구하는 것이다.
7. **증보** : 다른 사람들을 위해 기도하는 것이다.

기도는 영적 생활을 유지할 수 있는 강력한 무기이므로 영적 생활에 가장 중요한 부분이다.

또한 기도는 개인적으로도 할 수 있고 집단으로 할 수도 있다. 형식은 다양하다. 말로 하는 기도, 묵상으로 하는 기도, 춤과 특정 자세로 하는 기도들이 있다. 기도는 심리적 안정과 스트레스 감소, 삶의 의미를 발견하고 긍정적인 삶을 통하여 감사하는 생활을 하게 한다. 그러므로 가족을 위한 기도인 동시 자신을 위한 기도가 된다. 그 이유는 기도할 때 여러 가지로 자신에게 돌아오는 행복과 평안을 느끼기 때문이다. 무엇보다 가족을 위해 기도해야 하는 중요한 네 가지 이유가 있다.

첫째, 가족은 우리 삶에서 가장 가까운 사람들이며, 그들이 행복하고 건강하고 편안해야 하기 때문이다. 가족 구성원이 어려움이 처했을 때 우리는 그들의 고통을 함께 느낀다. 이때 기도는 우리의 마음을 신에게 전달함으로써 그들에게 도움이 될 수 있다. 우리는 모든 상황을 직접 해결할 수 없지만, 기도를 통해 신의 도움을 간청할 수 있다.

둘째, 기도는 가족 간의 사랑과 유대감을 강화하는 중요한 도구이다. 가족을 위해 기도할 때, 그들을 향한 사랑과 배려가 더 깊어지고, 서로를 더 소중히 여기는 마음이 커진다. 기도는 단순히 의식이 아니고 마음속 깊은 애정의 표현이며, 서로의 삶에 긍정적인 변화를 가져다준다.

셋째, 기도는 우리가 직접 해결할 수 없는 영역에서 보호와 인도를 구하는 것이다. 그러므로 가족이 겪는 어려움이나 미래의 불확실성은 우리가 예측하거나 통제할 수 없으므로 기도를 통해 신의 보호와 축복을 구함으로써, 안전과 행복을 지켜달라는 간절한 마음을 표현하는 것이다.

마지막으로 기도는 우리 자신에게 평안을 준다. 가족을 위해 기도함으로써 우리는 그들의 문제를 신께 맡기고, 그들이 잘 될 거라는 믿음을 가질 수 있다. 이는 불안하거나 걱정하는 마음을 줄이고, 더욱 긍정적인 태도를 보이고 가족을 돌볼 힘을 얻을 수 있다. 이러한 이유로 우리는 가족을 위해 기도를 해야 한다. 그것은 사랑과 희망의 표현이며, 서로를 위해 할 수 있는 일 중 하나이다. 항상 기도에 힘쓰는 시간들이 쌓여 걱정과 근심 없는 행복한 삶을 살아가기를 기도해 본다. 이 책을 읽는 모든 사람이 기도의 유익을 느끼길 바란다.

Chapter.4

슬로 에이징을 위한

풍요로운 관계 형성

세상을 위해
공헌하라

'세상을 위해 공헌하라'라는 주제를 떠올리면 가장 먼저 떠오르는 사람들이 있다. 노벨상을 받은 사람들, 과학자, 위인전에 나온 사람들 환경운동가, 그리고 우리나라에는 6.25전쟁에 목숨을 걸고 수고했던 참전 용사나 나라를 위해 독립운동을 했던 독립투사를 떠올리게 된다.

그러나 큰일을 하는 것만이 세상을 위한 것은 아니다. 우리가 살아가면서 지킬 수 있는 작은 것부터 실천하는 습관은 참으로 중요하다. 하나의 예로, 환경운동가가 아니어도 내 주변 쓰레기 하나 치우고 버리지 않는 작은 습관도 세상을 위한 일이기도 하다. 우리가 사는 지구촌에 자연을 보전하는 일과 변하고 있는 세상에 미래를 위해 나의 이익이 아닌 이웃을 생각하고, 더 나아가서는 지역, 국가를 위한 일이 될 것이다. 그렇다면 왜 세상을 위해 공헌해야 하는지에 대하여 알아보자.

우리는 빠르게 변화하는 현대 사회에 살고 있다. 경제적 성취와 개인적 성공이 중요하게 여겨지는 시대 속에서 우리는 종종 자신만을 위한 삶을 살기 쉽다. 그러나 진정한 성취와 행복은 자신뿐만 아니라 세상에 공헌할 때 찾아오는 것이다. 우리의 행동이 개인을 넘어 사회에 긍정적인 영향을 미칠 수 있다는 사실을 기억해야 한다.

세상에 공헌하는 방법은 여러 가지가 있다. 물질적인 기부나 봉사활동을 통하여 소외된 이들을 도울 수 있고, 전문적인 시스템을 활용해 더 나은 시스템을 구축할 수도 있다.

공헌은 개인의 성장과도 깊은 연관이 되어있다. 자신이 속한 사회에서 긍정적인 영향을 주는 사람들은 타인과의 관계에서 더 큰 만족감을 느끼고, 자신감과 성취감을 높일 수 있다. 이로 인해 개인은 더욱 성장하고 발전할 수 있다. 우리는 각자의 자리에서 세상에 공헌할 수 있는 능력을 갖추고 있다. 그것이 비록 작은 행동일지라도, 세상을 더 나은 곳으로 만들 기대를 위한 우리의 노력은 절대 헛되지 않을 것이다. 타인을 돕고 사회에 이바지하는 삶을 선택할 때 우리는 개인적 성취를 넘어선 진정한 의미와 성공을 경험할 것이다. 그렇다면 왜 우리는 세상을 위해 공헌을 해야 할까?

첫 번째, 개개인은 누구나 사회적 책임이 있다. 사회적 일원으로서 공동체에 이바지할 책임이 있기에 공헌을 해야 한다.

두 번째, 우리는 긍정적인 변화를 창출해야 한다. 적은 노력으로도 세상을 더 나은 곳으로 만들 수 있다.

세 번째, 우리는 개인적 성장을 해야 한다. 활동을 통해 새로운 기술과 경험을 얻고 전하는 것 또한 공헌하는 일이다.

네 번째, 우리는 유대적 연결성 강화가 있어야 한다. 다른 사람들과 협력하며 유대감을 갖는 것도 공헌의 중요한 일부다.

다섯 번째, 미래 세대를 위한 투자가 있어야 한다. 우리의 노력이 미래 세대에게 더 나은 세상을 물려줄 수 있어야 한다.

여섯 번째, 우리는 상호 이익이 있어야 한다. 우리는 다른 이를 돕는 과정에서 우리도 혜택을 받을 수 있기 때문이다.

이러한 일들은 각자의 생활 속에서 지키며 생활한다면 좀 더 나은 세상이 우리에게 다가올 것이다. 지금 우리가 생활하는 아름다운 강산과 환경들은 우리의 선배들이 후손들을 위하여 수고한 덕분이기에 우리 또한 받은 만큼 돌려줘야 하는 의무가 있다고 본다.

공헌에 대한 영감을 일깨워 주고 인류의 삶에서 커다란 영향을 미쳤고 역사 속에서 다양하게 공헌한 대표적인 인물 몇 분을 소개해 본다.

1. **마더 테레사** : 테레사는 평생을 빈곤층과 고통받는 사람들

을 돌보는 일에 헌신했다. 그녀는 인도에서 가난하고 병든 사람들을 위해 일하며 '사랑의 선교회'를 설립해 전 세계적인 봉사활동을 했다. 그녀의 공헌은 가난한 삶들의 삶을 직접 변화시켰고 인류애와 자선 활동의 상징이 되었다.

2. **넬슨 만델라** : 넬슨 만델라는 남아프리카 공화국의 인종차별 정책인 아파르트헤이트에 맞서 싸운 지도자로서 수십 년간 감옥에 있으면서도 평등과 자유를 위한 투쟁을 멈추지 않았다. 결국, 남아프리카 공화국의 첫 흑인 대통령이 되어 인종차별을 종식하는 데 중요한 역할을 했다. 그의 노력은 세계적으로 인권과 자유를 위한 상징으로 기억되고 있다.

3. **마리 퀴리** : 마리 퀴리는 방사능 연구의 선구자였으며, 두 번의 노벨상을 받은 과학자다. 그녀의 방사능 연구는 암 치료에 중요한 공헌을 했으며, 물리학과 화학 분야에서 인류 발전에 큰 영향을 미쳤다. 그녀의 헌신적인 연구는 오늘날에도 많은 이들에게 영감을 주고 있다.

4. **알버트 아인슈타인** : 아인슈타인은 상대성 이론을 통해 물리학의 근본적인 패러다임을 바꾸었고, 현대 물리학에 중대한 이바지를 하고 있다. 또한, 그는 평화주의자로서, 제

2차 세계대전 이후 핵무기 위험성에 대해 경고하며 과학의 윤리적 책임을 강조한 점에서 인류 평화에 이바지했다.

5. **그레타 툰베리** : 스웨덴의 청소년 환경운동가인 그레타 툰베리는 기후 변화에 대한 전 세계적인 인식을 높이는 데 중요한 역할을 했다. 또한, 기후 위기에 대한 경각심을 일깨웠다. 이후 수백만 명의 청소년과 성인들이 참여하는 글로벌 기후 행동의 상징이 되었다. 그녀는 미래 세대를 위한 환경보호의 필요성을 강조했다.

이외에도 수많은 사람들이 각자의 자리에서 세상에 공헌하며 인류에게 영향을 미쳤다. 이들의 공통점은 자신보다 더 큰 목표를 위해 헌신하고, 세상을 더 나은 곳으로 만들기 위해 노력했다는 것이다. 당신도 대단한 공헌을 하지 못한다 해도 나만의 자리에서 책임과 의무를 다한다면 돌아오는 미래가 당신에게 고맙다고 할 것이다. 그것이 바로 세상을 위한 공헌이라고 볼 수 있다. 공헌하는 사람들이 늘어갈 때 세상은 더 풍요롭게 아름다워질 것이며 가치 있는 세상으로 한 발자국 나아갈 것이다. 세상을 위해 작은 공헌을 시작할 준비가 되었는가?

어떤 사람을 만나는가가
당신의 '격'이다

    속담에 "친구 따라 강남 간다."라는 말이 있다. 이 말처럼 어떤 친구를 만나느냐에 따라 많은 영향을 주고받게 된다. 소중한 친구라고 해서 항상 좋은 곳으로만 인도하는 것은 아니다. 당신을 평가하는 기준 중 하나는 당신이 만나고 있는 사람들의 모습을 보는 것이다. 주변 사람들의 모습을 통해 당신의 '격'을 알 수 있다. 그렇다면 자신의 정체성을 먼저 알고 있어야 한다. 나는 어떤 사람이 되고 싶은가를 알고 모델을 찾는 것이 중요하다. 다시 말해 우리의 인격과 품격은 주위 환경에 많은 영향을 받는다. 그렇다면 이 말의 의미를 진짜 의미를 살펴보자.

    1. **우리는 살아가면서 주변 사람들의 영향을 받게 된다.** 함께

대화하고 생활하면서 그들의 사고, 행동, 가치관 등에 따라가는 경향이 생기기 때문이다.

2. **선택의 중요성이다.** 우리가 어떤 사람들과 시간을 보내고 관계를 맺을지 선택하는 것은 매우 중요하다. 이는 우리의 성장과 발전 과정에 큰 영향을 주기 때문이다.

3. **자아를 반영한다.** 우리가 선택한 인간관계는 우리의 내면을 반영한다. 존경받는 사람들과 교류한다면 우리도 그만한 가치가 있고 행동하는 것을 의미할 수 있다.

4. **개인의 품격을 나타낸다.** '격'이라는 단어는 한 사람의 품격, 수준, 인격을 의미하므로 이 말은 우리의 인간관계가 우리의 인격을 형성하고 반영한다는 것을 강조하고 있다.

그러므로 "어떤 사람을 만나는가가 당신의 격이다."라는 속담을 우리는 기억하며 내 주위를 살펴보는 것도 자신에 대한 관리가 된다.

만남은 우리의 삶에 깊은 의미와 변화를 가져오는 중요한 요소이다. 사람과의 만남은 단순한 교류를 넘어, 개인의 성장, 기회, 그리고 인생의 방향을 바꿀 수 있는 강력한 힘을 가지고 있다.

인간관계의 형성은 우리를 발전하게 한다. 그 이유는 만남을 통해 배우고 성장하기 때문이다. 친구, 동료, 가족과 만남은 정서적 지지를 제공하며, 함께 문제를 해결하거나 기쁨을 나누는 과정에서 우리는 더욱 성숙해진다. 이런 관계들은 삶의 질을 향상하는 중요한 원동력이 된다.

또한 기회의 문을 열 수 있는 요소가 된다. 새로운 사람들을 만날 때, 다양한 기회를 접하게 되므로 예상치 못한 기회를 제공한다. 필자는 카약이라는 스포츠를 만남으로 새로운 세상이 열렸다. 생활환경이 넓어졌고 만나는 사람들도 다양해졌다. 그들의 생활 방식을 배우기도 하고 나누기도 하면서 지금까지 알지 못했던 새로운 세상을 알아가고 있다.

그러므로 각기 다른 배경과 경험을 가진 사람들과 만남은 우리의 생각도 시야도 넓어지는 동시에 자신을 돌아보는 계기가 되기도 한다. 다른 사람들과 교류하는 과정에서 자기 생각과 가치를 반성하고, 새로운 시각을 배우게 된다. 또한 타인의 반응을 통해 자체를 더 깊이 이해하고 발전할 기회를 얻게 된다.

만남은 공감과 이해의 확장으로 이어진다. 사람들과 만남은 다양한 관점과 경험을 접하게 해준다. 이를 통해 우리는 다른 사람을 이해하고, 공감 능력을 키울 수 있다. 만남은 사회적 조화를 이루고, 더 나은 공동체를 만드는 데 필수적이다.

결국, 만남은 단순한 교류를 넘어 우리의 삶에 지속적인 영향을 미치는 중요한 과정이다. 만남을 통해 성장하고, 서로에게 긍정적인 영향을 미치며, 더 나은 세상 속에서 당신의 품격도, 인격도 향상하며 좋은 영향을 받기보다는 영향을 줄 수 있는 사람이 되어 격이 있는 당신이 된다면 함께 어울리며 좀 더 아름다운 세상을 만들어 갈 수 있을 것이다.

자신의 격을 높일 수 있는 교훈 되는 격언들을 찾아보았다.

1. 배움에는 끝이 없다. 오늘의 지식이 내일의 지혜가 된다.
2. 정직은 가장 강력한 무기다. 진실함이 당신의 격을 말해준다.
3. 당신이 만나는 다섯 사람의 평균이 곧 당신이다. 현명한 사람들과 어울려라.
4. 자신을 아는 자가 세상을 안다. 매일 거울 앞에 서서 내면을 들여다보라.
5. 목표 없는 삶은 나침반 없는 배와 같다. 분명한 방향을 설정하라.
6. 창의성은 연습이다. 매일 새로운 생각의 씨앗을 심어라
7. 나눔은 영혼을 풍요롭게 한다. 베푸는 손길이 당신의 품격을 높인다.
8. 건강한 육체에 건강한 정신이 깃든다. 몸과 마음의 균형을

지켜라.

9. 실패는 성공의 어머니다. 넘어질 때마다 한 걸음 더 성장한다.

10. 경청은 지혜의 시작이다. 두 귀를 열고 한 입을 다물어라.

11. 감사는 행복의 비결이다. 작은 것에도 고마워할 줄 아는 마음을 가져라.

12. 인내는 쓰지만, 그 열매는 달다. 시간은 당신의 노력을 배신하지 않는다.

13. 겸손은 고귀함의 징표다. 낮은 자세로 높은 곳에 이르러라.

14. 변화를 두려워하지 말라. 적응하는 자가 살아남는다.

15. 말의 무게를 알아라. 말 한마디가 당신의 격이 된다.

우리 주의에는 좋은 격언들이 많다. 여기 있는 15가지 격언이라도 가슴에 새기고 행동하고 실천한다면 당신의 주위에는 당신을 닮고 싶은 사람들로 함께할 것이다. 좀 더 나은 삶을 위하여 매일매일 노력하고 실천하는 당신이 되리라 믿는다.

나만의
인간관계 원칙

강산이 열 번 바뀌면서 필자에게도 많은 변화가 찾아왔다. 아마도 모든 사람이 나와 같은 경험을 했으리라는 생각을 해본다. 환경과 조건에 따라 바뀌는 다양한 사람들을 생각해 보면 자신이 누군가를 만나고 싶어서 만나는 일은 어려서는 거의 없는 것 같다.

동네에서, 학교에서, 직장에서 이러한 소속과 연대 과정을 지나면서 우리는 사람들을 만나고 헤어지곤 한다. 그중 정말 특별한 관계를 지닌 사람만이 오래도록 함께한다. 특별히 인간관계 원칙을 세우면서 살아가기에는 인생이 너무 바쁘다. 하지만 굳이 원칙까지는 아니더라도 내가 무엇을 추구하느냐에 따라 함께

하는 사람들이 변화된다는 것을 알아야 한다. 60 이전에는 가족을 부양해야 하는 책임과 의무를 다해야 하기에 비즈니스적 만남을 자주 한다면 60 이후에는 다르다. 오직 자신만을 위해 살아갈 수 있는 시간들이 많이 허락되므로 자신의 선택으로 주위 환경과 만나는 사람들을 얼마든지 바꿀 수 있다.

어느 한 사람의 이야기다. 그는 젊어서부터 삶을 긍정적이고 열심히 살아가는 사람이었다. 모든 것에 감사하며 자신이 주어진 일에 최선을 다하는 모습은 참으로 보기 좋았다. 그 후 세월이 흘러 노년이 되어 그를 만나게 되었다. 아직도 지난날처럼 열심히 살아가고 있는지 궁금했다. 역시나 그는 노년의 생활도 너무 멋지고 행복하게 살아가고 있었다.

그에게는 독특한 인간관계의 원칙이 있었다. 젊어서는 일과 얽힌 사람들과 관계를 갖고 만났지만, 지금은 모든 것으로부터 자유로워져 자신이 원하는 사람, 같은 취미생활을 하는 사람들을 만나고 대화를 한다고 했다. 그는 자신의 시간이 너무 소중해서 조금이라도 비생산적이라고 느끼면 정리를 하지 않아도 자연적으로 멀어지게 된다고 했다.

평생 배우고 성장하는 사람은 자연스럽게 자신에게 맞는 사람들과 어울리게 된다. 그러므로 너무 딱딱하고 원론적인 원칙을 갖기보다는 자신이 어떤 사람이 될까를 먼저 생각해야 한다.

가장 중요한 것은 자신을 돌아보며 성장을 위해 끝까지 배우는 것이 인간관계를 아름답게 만들어 갈 수 있는 최고의 조건이라는 것이다.

그렇다면 어떻게 해야 서로의 인간관계를 유지하며 멋있는 노년을 보낼 수 있는지 알아보자.

첫째, 상호 존중이라고 볼 수 있다. 모든 관계는 존중에서 출발한다. 상대방의 의견, 감정, 그리고 개성을 존중하는 것이야말로 건강한 관계의 기초다. 서로의 다름을 받아들이고 이해하고 노력을 통하여 훌륭한 인간관계가 유지되어 간다.

둘째, 솔직함의 소통이 되어야 한다. 오해와 갈등은 대개 의사소통의 부족에서 일어나고 있다. 때로는 솔직함이 어렵고 불편할 수 있지만, 진정한 관계는 속마음을 나누는 데서 깊어지게 마련이다. 감정을 억누르기보다. 열린 마음으로 대화를 해야 한다.

셋째, 서로에게 긍정적인 영향을 미쳐야 한다. 맺는 관계가 서로에게 도움이 되는 방향으로 나아갈 때 서로 필요한 관계가 될 수 있다. 각자의 삶 속에서 힘든 순간을 겪을 수 있지만, 그럴 때일수록 서로에게 힘이 되어줄 수 있는 것이 중요하다. 또한, 상대에게 에너지를 줄 수 있어야 한다.

넷째, 균형을 유지하는 것이다. 인간관계의 중요한 것은 균형을 유지하는 것이다. 한쪽으로만 치우친 관계는 언젠가 균열을 일으킬 수 있다. 서로의 요구와 기대를 잘 맞춰가며 관계를 유지하는 것이 중요하다.

다섯째, 진정성이다. 진정성 없이 유지되는 관계는 오래가지 않는다. 가식적이거나 표면적인 관계보다. 마음에서 우러나오는 진심을 주고받는 관계를 추구하고 서로가 진정한 자신으로 존재할 수 있어야 한다.

먼저 좋은 인간관계를 유지하기 위해서는 자신부터 실천하는 것이 중요하다. 위에 있는 것들은 우리가 지켜야 할 기본들이다. 내가 좋은 성품과 인격을 갖고 상대를 진정성 있게 대한다면 당신이 원하는 사람들과 좋은 관계가 형성될 것이다. 이 책의 독자들이 모두가 부러워하는 액티브 시니어로 멋있고 행복하게 살아가기를 준비하게 되길 바란다.

Chapter.5

슬로 에이징을 위한
나만의 성장 노하우

나의 가치를 10배 끌어올리는
매직 타임 '새벽'

필자는 시골에서 태어났고 그곳에서 자랐다. 지금처럼 일어나고 싶을 때 울리는 알람도 없었다. 단 큰 마루 벽에 걸려있는 추 시계가 전부였다. 단지 태양에 비치는 그림자를 보고 시간을 짐작하곤 했다. 시간을 알려주는 알람 시계는 없었지만, 새벽을 알리는 수탉의 울음소리를 듣고 일어나 새벽 기도에 참석했다. 덕분에 예배 시간에 늦은 기억이 없다. 매일 새벽닭 울음소리는 나의 알람시계가 되었다.

시간이 많이 흘렀다. 지금은 닭 울음소리 대신 알람시계가 새벽을 깨워준다. 사람마다 환경이 다르다. 그리고 건강 상태도 다르다. 필자는 '하루를 3일처럼'이라는 표어를 걸고 새벽 5시에 기상하는 습관을 갖고 생활했다. 가치를 올릴 수 있는 자신만의 시간, 누구에게도 방해받지 않는 시간이 새벽이라는 것을 알게 되면서 성장을 위한 투자는 새벽에 하기로 했다.

하루 감사 기도로 시작하여 독서와 새벽 운동은 누구의 방해도 받지 않고 할 수 있었다. 단지 자신의 의지만이 중요했다. 그렇게 3년이라는 새벽을 누적한 결과, 3년 만에 나는 카약을 통해 세상에 알려지게 되었다. 새벽은 매직 타임이다. 누구에게나 새벽은 찾아온다. 어떻게 살아갈 것인가는 오직 당신에게 달려있다. 새벽을 깨운다는 것은 결코 쉬운 일이 아니다. 필자도 어려운 싸움에서 힘들었지만 승리했다.

이제는 나에게 제일 우선순위가 건강이기에 100세 시대를 살고 있는 나는 명상과 운동, 독서를 하며 새벽 시간을 소중하게 보내고 있다. 내가 그렇게 했듯 누구나 새벽을 잘 이용하면 바빠서 할 수 없다는 핑계는 대지 못할 것이다.

그렇다면 왜 새벽이 매직 타임인지를 알아보자. 새벽은 하루 중 가장 고요하고 집중력이 높은 시간이다. 대부분의 사람들이 잠들어 있는 시간이기도 하다. 새벽은 고요하고 차분한 분위기로 찾아온다. 이 시간은 일상 속의 소음과 분주함에서 벗어나 오로지 자신에게 집중할 수 있는 소중한 시간이다. 그래서 새벽을 매직 타임이라고 부른다. 그 이유는 이 시간이야말로 자신의 가치를 10배 끌어올릴 수 있는 마법의 시간이 되기 때문이다. 새벽 시간을 활용하면 자신의 가치를 크게 높일 수 있다. 새벽이야말로 방해꾼 없이 모든 것으로부터 해방되어 오롯이 나 자신과 대화를 나누고 나를 사랑해 주는 마법의 시간이다. 새벽이 매직 타임인 이유를 정리하면 다음과 같다.

첫째는 방해 요소가 없다. 소셜미디어, 이메일, 전화로부터 방해가 가장 적은 시간이기 때문이다.

둘째는 높은 집중력이 생긴다. 아침의 신선한 정신 상태로 복잡한 문제 해결이 가능해진다.

셋째는 자기 시간이 확보된다. 우리는 본의 아니게 타인으로부터 시간을 뺏길 때가 많다. 새벽 시간은 또한, 가족으로부터도 방해 요소가 적다. 이러한 이유로 새벽은 자신의 가치를 올릴 수 있는 시간이다.

많은 사람이 '새벽'에 대해 두 가지 감정을 느끼며 살아가고 있다. 설렘을 갖고 맞이하는 사람도 있고, 두려움을 갖고 맞이하는 사람도 있다. 새벽은 너무나 고요하다. 그 고요함 속에서 우리는 비로소 자신과 마주할 수 있다. 외부의 소음과 방해 없이 온전히 집중할 수 있는 새벽 시간은 하루 중 가장 값진 순간이다. 새벽에 깨어있는 사람들은 안다. 이 시간이 얼마나 생산적일 수 있는지를 알고 있다. 모두가 잠든 시간, 자신만이 새로운 하루를 준비하고 있다는 행복감으로 머릿속에 떠오르는 수많은 아이디어와 계획들 목표들이 하나하나 현실로 다가오는 것을 느낄 것이다. 그렇게 마법의 시간을 만드는 것이다.

매일 아침 일찍 일어나기란 쉬운 일이 아니다. 하지만 새벽은 단순한 시간이 아니다. 새벽이야말로 내면의 에너지와 창의력을 10배로 끌어올릴 수 있는 '매직 타임'이다. 이 시간을 통해 내가 얼마나 더 많은 일을 이룰 수 있는지 깨닫는 순간 새벽의 가치는 그 어떤 시간보다도 크게 느껴질 것이다.

새벽을 오롯이 자신만의 시간으로 만들어보자. 새벽을 사수해 누구보다 가장 먼저 하루를 시작해 보자. 새로운 목표를 향해 나아가는 경험은 자신의 가치를 높이는 원동력이 된다. 무엇보다 새벽의 고요함 속에서 자신을 더 깊이 이해할 수 있게 된다. 그 이해는 각자가 성장할 수 있는 가장 큰 밑거름이 될 것이다. 그러므로 새벽은 자신을 재발견하고, 더 나아가 세상에 나만의 색깔을 덧입힐 수 있는 매직 타임이다.

매일 설레는 마음으로 새벽을 맞이하기 위해서는 또 다른 준비가 필요하다. 저녁 시간이다. 귀한 손님을 맞기 위해서 여러 가지 준비가 필요하듯, 새벽 또한 준비해야만 나에게 찾아와 귀한 시간을 허락한다. 새벽을 준비하는 마음으로 저녁을 보낸다면 매직 타임인 새벽은 당신에게 엄청난 것들을 가져다줄 것이다.

성경 말씀에 슬기로운 다섯 처녀의 비유가 있다. 열 처녀가 모두 등을 갖고 신랑 맞을 준비를 했다. 그러나 그중 다섯 처녀는 등에 기름이 다 떨어져 새로 사러 간 사이 신랑이 왔다. 나머지 슬기로운 다섯 처녀는 기름을 넉넉히 준비했으므로 제때에 신랑을 맞이했다. 우리도 마찬가지다. 새벽이 왜 매직 타임인지는 새벽을 자기 시간으로 만드는 자만이 알 것이다. 매일 주어진 새벽을 통해 자기 계발과 성장하는 시간을 만들어 낼 수 있다면, 100세 시대 슬기로운 다섯 처녀처럼 지혜로운 액티브 시니어가 되어 행복한 노년을 만나게 될 것이다.

내가 독서 모임에
나가는 이유

모두가 멈추었던 코로나 때의 일이다. 아는 동생에게 전화가
한 통 왔다.

"언니 책 한 권을 한 시간에 읽을 수 있도록 수업하는 곳이 있
어서 한번 배워볼까 해! 같이 해 볼래?"

우리는 매일 다양한 기회를 주는 정보들과 마주한다. 그러나
어떤 사람은 행운의 기회가 담긴 정보를 잡는 반면, 어떤 사람
은 묻지도 따지지도 않고 버리는 사람도 있다. 필자는 그 한 통
의 전화를 받자마자 곧장 움직여야겠다고 생각했다. 그리고 그
선택은 제2의 인생을 살 수 있도록 해 준 길잡이가 되었다. '나도
해볼까?'하고 시작한 것이 지금은 책 속의 스승들과 대화를 하며
내가 알지 못한 미지의 세계를 경험하게 해 주고 있다. 동생이

추천했던 곳은 내가 다니는 독서모임이다.

매주 진행되는 독서모임을 통해 감히 만날 수 없었던 스승들을 책 속에서 만나면서 그 모두가 스승이 되어 생각도 마음도 삶도, 풍요로움을 누리며 생활을 하게 되었다. 누구는 말한다. 눈이 안 보여서, 또한 바빠서, 관심 없어서, 필요 없어서 지금의 생활이 만족스러워서 많은 이야기를 한다. 각자의 생활이기에 누구도 할 말은 없다.

그러나 지금은 100세 시대에 있다. 2024년 평균 수명 나이 83세. 지난 1950년대만 해도 평균 수명 나이가 47세 정도였다면, 70년이 지난 지금은 약 두 배 가까이 수명이 늘어났다.

곧 평균 나이가 100세가 되는 날도 멀지 않은 것 같다. 100에서 지금의 나이를 뺀다면 남은 시간이 앞으로 살아갈 시간이다. 생각해 보면 필자는 행복한 사람이다. 시대적으로 너무 잘 태어난 것 같다. 9남매의 막내로 태어나 지금의 시대 속에서 함께 살아가고 있다는 것조차도 기적이다. 이 시대는 감히 상상도 할 수 없는 일이 일어난 것이다. 그리고 100세 시대, 아니 더 살아갈 수 있다는 이야기도 된다. 생각만으로도 필자는 가슴이 설렌다. 아직도 현직에서 자기 일을 사랑하며 후배들의 본이 되는 선배들을 책 속에서 만나면서 오늘도 그들이 무엇을 하며 살아갔고 활동했는지를 배우고 익히는 시간이다.

모방은 제2의 창조라고 한다. 필자는 책을 통하여 모방의 창조를 하고 있다. 인생에서 앞으로 남은 시간의 길이는 알지 못하지만 모든 것을 즐기며, 자신을 사랑하며 배우고 읽는 것을 해내기에 혼자는 어렵다는 것을 알았다. 같은 생각을 하며 자기 성장을 위해 노력하는 사람들과 어울려야 한다. 자신의 꿈을 마음껏 이야기하고 비전을 가진 사람들의 모임이 바로 독서모임이다.

똑같은 책을 읽으면서도 각자가 느끼고 적용하는 것이 다르다. 또한 다른 사람들의 생각을 알면 소통하기가 쉬워진다. 사람들이 독서 모임에 나가는 이유는 여러 가지가 있다.

단지 책을 읽는 것만으로는 얻기 힘든 깊이 있는 토론과 다양한 시각을 접할 수 있기 때문이다. 혼자서 책을 읽을 때는 나만의 해석에 그칠 수 있지만, 독서 모임에서 다른 사람들과 의견을 나누다 보면 새로운 관점을 얻게 되고, 그 과정에서 사고의 폭이 넓어진다.

독서 모임은 참여하는 자체만으로도 꾸준히 책을 읽을 수 있는 동기부여가 된다. 바쁜 일상에서 혼자 책을 읽다 보면 흐름이 끊기지만 정기적인 독서모임 출석은 읽고 싶은 책을 꾸준히 읽도록 이끌어 준다. 특히 다양한 주제의 책을 선택하게 되어 나의 독서 영역도 자연스럽게 확장된다.

독서 모임에 나감으로써 성장하는 사람들과의 교류를 통해 소통의 기회를 제공한다. 같은 책을 읽고 서로의 생각을 공유하는 과정은 인간관계를 돈독히 하고, 서로의 의견을 존중하며 발전할 수 있는 소중한 시간이 된다. 이 모든 이유가 필자가 독서 모임에 지속해서 참석하는 이유다.

그렇다면 독서 모임에 나가야 하는 이유와 그곳에서 얻을 수 있는 유익은 무엇일까?

1. **지식확장을 말할 수 있다** : 독서 모임은 다양한 장르와 주제의 책을 접할 수 있는 기회를 제공한다. 혼자서는 선택하지 않았을 책들을 읽게 되면서 지식의 폭이 넓어진다. 또한, 다른 사람들과의 해석과 의견을 들으면서 책에 대한 이해도를 높일 수 있다. 단순히 책을 읽는 것을 넘어 더 깊이 있는 학습 경험을 가능하게 한다.

2. **사회적 교류가 생긴다** : 독서라는 공통 관심사를 가진 사람들과 만나 대화를 나누는 것은 매우 즐거운 경험이다. 이를 통해 새로운 친구를 새기고 인맥을 넓힐 수 있다. 또한 다양한 배경을 가진 사람들과 교류하면서 서로의 경험과 지식을 나누는 것은 개인의 성장에도 도움이 된다.

3. **독서 동기부여가 형성된다** : 정기적인 모임은 꾸준한 독서 습관을 형성하는 데 도움이 된다. 다음 모임까지 정해진 분량을 읽어야 한다는 책임감이 자연스럽게 독서에 시간을 투자하게 한다. 이는 독서를 할 수 있게 하는 원동력이 된다.

4. **다양한 관점들을 발견하게 된다** : 각자의 경험과 배경에 따라 해석이 다를 수 있어 이러한 관점을 다양하게 접할 수 있다. 이때 자신의 시야를 넓히는 데 도움을 준다. 이는 자신의 고정관념이나 편견을 깨는 계기가 될 수 있으며, 더 열린 마음으로 세상을 바라볼 수 있게 해 준다.

5. **토론 능력과 발표력이 향상된다** : 독서모임에서는 의견을 표현하고 다른 사람들과 토론하는 기회가 많다. 이 과정에서 자신의 생각을 논리적으로 정리하고 효과적으로 전달하는 능력을 기를 수 있다. 또한, 다른 사람의 의견을 경청하고 존중하는 태도도 함께 배울 수 있다.

6. **문화적 경험을 할 수 있다** : 독서모임에서는 종종 책과 관련된 영화 감상, 저자와의 만남, 관련 장소 방문 등 다양한 문화 활동을 함께 하기도 한다. 이를 통해 책을 더욱 깊이 이해하고 풍부한 문화적 경험을 할 수 있다.

7. **언어능력이 향상된다** : 정기적인 독서와 토론은 어휘력과 문장 구사력, 이해력 등 전반적인 언어능력이 향상된다.

이처럼 독서모임은 단순히 책을 읽는 것을 넘어 다양한 측면에서 개인의 성장과 발전에 도움이 된다. 지적 호기심을 충족시키고 사회적 관계를 형성하며, 자기 계발의 기회를 제공하는 독서 모임에 안 갈 이유가 있을까? 좀 더 나은 삶, 건강한 미래, 발전된 나를 만나고 싶다면 독서모임에 나가는 것을 추천한다. 남은 시간을 헛되이 보내지 않고 값지게 살아가는 방법 중의 일부분이 될 것이다. 이것이 내가 독서모임에 꾸준히 나가는 강력한 이유다.

혼자 노는 힘이
진짜 실력이다

얼마 전까지 나는 자녀와 함께 거주했다. 그러다 자녀로부터 73년 만에 독립을 했다. 이유는 앞으로 내게 주어진 시간들을 진정한 액티브 시니어의 성장 시간으로 만들고 싶어서였다. 어려운 결단이었다. 진정한 독립을 통해 혼자 노는 진짜 실력을 키우며 행동하고 싶었다.

지금은 100세 시대다. 앞으로 30년을 설계하고 계획해야 하는 나이로서 자식만을 바라보며 산다는 것은 서로에게 부담이 될 것이다. 100세까지 건강해야 한다. 그렇기 위해서 관리는 필수다. 혼자 멋있게 생활할 수 있는 것은 건강이 뒷받침되어야 한다. 그리고 함께 어울리는 동료들이 있어야 한다. 맛있는 식사를 하고 싶을 때 함께하며 일상의 수다라도 할 수 있는 그런 동료들, 친구가 아닌 나와 같은 운동을 하고 같은 취미로 그것에 관하여 이야기할 수 있는 일상의 대화를 나눌 수 있는 친구가 필요하다.

그러기 위해 쉬지 않는 공부를 해야 한다. 젊은이들의 생각을 읽을 수 있을 때까지 공부는 필수인 것이다. 지금까지의 삶은 학교에서 배운 것으로 생활했다면 앞으로는 삶의 지혜가 필요한 단계다. 어쩌면 더 많은 균형을 갖고 인생을 사는 나이가 아닌가 싶다. 경제력, 지적 능력, 건강, 사회 적응력, 소비력 모두 갖추면서 생활하는 자가 액티브 시니어라고 말할 수 있다.

요즘은 55세부터 75세까지를 신중년이라고 부른다. 시니어 모델 선발 기준은 50부터라고 하니 우리가 활동할 수 있는 시간은 점점 길어지고 있다고 볼 수 있다. 혼자 살아가는 힘을 기르기 위해서는 꼭 해야 할 것들이 있다.

첫째, 20대 몸매로 돌아가야 한다.

건강을 위한 첫 번째 도전이다. 보통 나이가 들면 바뀐 체형을 보며 자신을 위로하기 위하여 나잇살이라고 말한다. 그러나 나잇살은 없다. 그것은 관리하지 않았기 때문이다.

필자도 그중 한 사람이었다. 작은 키에 64kg이라는 몸무게를 가지고도 이만하면 괜찮다는 위로를 하며 살았다. 그러던 중 무릎 통증이 생기고 혈압이 높아지기 시작했고 삶에 의욕이 사라지기 시작했다. 몇 번씩 실패했던 다이어트를 운동과 식단으로 시작했다. 늦은 나이 60 후반에 나잇살이란 없음을 깨닫고 도전은 모든 것을 극복할 수 있다는 것을 주위에 알렸다. 지금은 20대의 몸매로 살아가고 있다. 또한 젊은 친구들의 옷 스타일을 따라가노라면 행복함이 밀려온다. 체중 감소로 삶이 달라지며 생활 방식이 바뀌고 자신감이 생긴다. 이것이야말로 혼자 노는 힘의 진짜 이유다.

둘째, 젊은 마음을 지키며 살아야 한다.

가끔 어른들을 만나면 내가 옛날에 ○○였다는 이야기를 자주 듣게 된다. 젊은 친구들은 그런 이야기들을 듣기 싫어한다. 마치 자기 경험이 전부인 양 말하는 사람도 있다. "입은 닫고 지갑은 열라"라는 말이 있듯, 이 또한 기억하고 조심할 일이다.

매 순간 젊은 마음을 유지하기 위해서는 옛날 이야기가 아닌, 지금의 이야기를 해야 한다. 지난 이야기를 한다는 것은 지금 하고 있는 즐거운 것이 없다는 것이나 다름없다. 삶이 지루하다는 이야기도 된다. 우리는 새로운 것을 배우고 익히며 그것을 통하여 삶의 활력을 찾아야 한다. 그것이 젊어지는 비결이고 액티브 시니어로 살아갈 수 있는 방법이다.

셋째, 유연해져라.

몸도 마음도 유연해야 한다. 몸도 유연해야 하지만 마음도 유연할 수 있도록 훈련이 필요하다. 가장 어려운 과제가 아닌가 싶다. 유연해지지 않으면 젊은 친구들과 점점 더 소통하기 어렵게 된다. 그렇게 되지 않으려면 무조건 내 생각이 옳다는 고집과 아집을 버려야 한다. 그 또한 배우지 않으면 어렵다. 지금까지 몸에 젖어있는 습관들을 버리고 새로운 것을 익히는 것 또한 도전이다.

책을 통하여 많은 스승들을 만드는 것도 하나의 좋은 방법이 될 것이다. 유연해지기 위해서는 다른 사람들의 이야기를 경청하며 인정해야 한다. 동의할 필요는 없지만 인정할 수는 있다. 그것이 혼자 노는 힘의 진짜 실력이다. 나이가 들어도 안팎으로 자기의 개성을 마음껏 나타내며 자신을 성장시키는 사람이 이 시대의 액티브 시니어라고 말하고 싶다.

마지막으로 앞으로 액티브 시니어로 혼자 노는 힘이 실력이 되어 계속 생활하려면 모든 면에서 절제라는 단어를 기억해야 한다. 행동도, 마음도, 생각도, 20대의 몸매와, 젊은 생각들로 유연해지는 것도 과하지 않을 정도가 좋다. 한 번에 한 가지씩 익히고 도전하면서 멋있고 아름다운 시니어의 길을 걸어가 보자.

내 삶의
이정표 리스트

나는 어릴 때부터 책을 좋아했다. 처음에는 별로 할 것이 없어서 심심해서 읽기 시작했다. 읽다 보니 책의 내용이 재미있어져 시간 가는 줄 모르고 책장을 넘기는 시간이 길어지면서 책은 어느 순간 삶의 중심이 되어갔다. 지금 돌이켜보면 내 인생의 중요한 순간들에는 항상 책이 함께 있었다.

사회인이 되고 난 후에도 책은 나의 가장 좋은 스승이자 친구였다. 인생의 전환점마다 나는 항상 특정한 책을 떠올린다. 첫 해외여행을 결심하게 해 준 여행 수필과 힘든 시기를 이겨내는데 큰 위로가 되어준 시집까지, 나의 친구로서 책은 내 삶의 이정표가 되었다.

나이가 들수록 책의 의미는 더욱 깊어졌다. 젊었을 때는 몰랐던 삶의 진리들을 책 속에서 발견하게 되었고, 같은 책이라도 읽을 때마다 새로운 의미를 찾아낼 수 있었다. 또한 책은 과거를 비추는 거울이자, 현재를 이해하는 렌즈, 그리고 미래를 그리는 캔버스가 되었다.

지금도 나는 매일 책을 읽는다. 돋보기 너머 보이는 글들은 늘 나를 반가워한다. 책을 읽으며 한참 동안 책 속 글들과 대화를 한다. 하루를 마무리하며 책장을 넘기는 그 순간이야말로 필자의 하루 중 가장 행복한 시간이다. 때로는 새로운 아이디어에 흥분되기도 하고, 때로는 작가의 문장에 깊이 감동하기도 한다.

내 인생을 돌아보면, 책은 지식을 넓혀주었고, 상상력을 키워주었으며 어려운 순간마다 위로와 용기를 주었다. 앞으로도 계속해서 책과 함께 인생을 써 내려갈 것이다. 왜냐하면, 내 삶의 이정표가 바로 독서이기 때문이다. 매 순간 어떤 책이 내 인생의 새로운 장을 열어줄지 기대에 부풀어있다. 그리고 알고 있다. 책을 읽는 한 성장과 모험은 멈추지 않고 달리게 될 것임을….

필자는 많은 나이에도 불구하고 여전히 도전 정신으로 가득 차 있다. 인생이라는 최고의 학교에서 배운 지혜는 그 어떤 학위보다도 값지다고 생각한다. 인생을 살다 보면 사람마다 인생의 전환점이 있다. 필자의 전환점은 카약을 도전했을 때부터다. 도전함으로 자신을 사랑하게 되고 또 다른 도전을 하게 되면서 나는 저자의 꿈도 이루게 되었다. 《1% 도전의 행복! 챌린지》라는 첫 저서는 나를 도전에 대한 열매로 흥분시키기에 충분했다. 이 책은 내 삶의 철학이자 나를 끊임없이 앞으로 나아가게 하는 원동력들을 모두 담고 있다. 책을 쓰는 과정은 그 자체로 큰 도전이었지만, 동시에 내 인생에서 가장 보람찬 경험 중 하나였다.

나는 항상 새로운 것에 도전하는 것을 즐겨왔다. 카약을 배우기 시작했을 때 많은 사람이 나이를 생각하라고 만류했다. 위험한 스포츠라고…. 그러나 마지막 도전이라는 생각을 하며 그들의 염려를 뒤로하고 끊임없이 연습한 결과 지금은 꽤 숙련된 카약커가 되었다. 물살을 가르며 패들을 젓는 순간, 진정한 자유를 느낀다.

프리다이빙도 마찬가지다. 깊은 물속으로 잠수할 때마다 내 한계를 뛰어넘는다. 숨을 참고 깊이 들어갈 때 그 고요함과 평화로움은 말로 표현할 수 없다. 이 도전들을 통해 나는 내 몸과 마음의 능력을 새롭게 발견하곤 한다.

매일 아침 자전거를 타고 카약을 타러 간다. 페달을 밟으며 새벽 공기를 가르는 그 순간이 너무 좋다. 하루를 활기차게 시작할 힘을 얻는다. 자전거는 단순한 운동 수단을 넘어 나의 건강과 활력의 원천이 되었다.

생물학적 나이는 그저 숫자에 불과하다고 믿는다. 늦은 나이지만 배우고, 도전하고, 성장하고 있다. 필자가 쓴 책의 제목처럼 매일 1%의 도전을 통해 행복을 찾아가고 있다. 때로는 실패하기도 하지만 그 실패조차 소중한 경험이 된다.

독서는 새로운 도전을 꿈꾸게 하는 원동력이다. 책을 통해 다른 이들의 도전 이야기를 접할 수도 있고 따라 할 수도 있다. 책장을 넘길 때마다 새로운 모험을 떠나는 기분이 든다. 내 인생에 이정표는 단순히 책이 아니라, 그 책들이 준 영감과 그로 인한 도전들이다. 카약, 프리다이빙, 자전거 타기, 그리고 책 출간까지 이 모든 것들이 내 삶을 풍요롭게 만들었다. 앞으로도 나는 계속해서 새로운 도전을 찾아 나설 것이다.

나는 알고 있다. 내가 도전을 멈추는 순간, 그때가 바로 내 삶이 멈추는 순간이라는 것을. 그래서 오늘도, 내일도, 그리고 앞으로도 계속해서 1%의 도전을 이어갈 것이다. 도전 정신이야말로 삶의 진정한 이정표이자 계속해서 젊고 활기차게 만드는 비결이다.

최고의 유산은
내 이름으로 남긴 '책 한 권'이다

　　오랜 세월을 살아오면서 많은 것을 경험했다. 혼자 두 아이를
키웠다. 많은 어려운 시간들이 있었다. 그러나 그러한 시간조차
도 지나고 보니 아름다운 추억이 되었다. 그리고 마음속 깊은 곳
에 숨겨져 있던 작은 희망이 나에게 있었다. 그것은 내 이름으로
남길 책 한 권이다.

　　"꿈은 이루어진다."라는 말처럼 평생 가슴속에 품었던 것이
이루어지기 시작했다. "시작이 반이다."라는 말처럼 무작정 시작
하기로 했다. 책 쓰기 수업에 참여하게 된 것이다. 그리고 타자
연습부터 시작했다. 독수리 타법으로 한 자씩 내 인생의 후반전
을 쓰기 시작했다.

　　1년이라는 시간이 흘렀다. 평생 보낸 시간보다 나의 첫 번째

책의 집필 기간은 더 긴 세월이라는 생각이 들었다. 그리고 정확히 1년 4개월 만에 출간 기념회를 했다. 《1% 도전의 행복! 챌린지》라는 첫 책이 드디어 세상에 나오게 된 것이다.

필자는 출간 기념회를 시작으로 새로운 이름과 함께 다시 태어났다. '이은진 작가'라는 타이틀을 새로 얻게 되었다. 그리고 지금은 두 번째 책을 집필하고 있다. 이 책의 가제는 "슬로 에이징 에이지"이다. 책 제목은 단순히 종이 위에 써 내려간 글이 아닌, 필자의 철학이고 지혜다. 좀 더 나은 인생을 살아가려면 기술이 있어야 한다는 것을 깨달았기 때문이다. 그리고 "최고의 유산은 내 이름으로 남긴 '책 한 권'이다"라는 소제목으로 마무리하면서 생각했다. 내 인생에 제일 잘한 것이 있다면 그것은 인생 후반에 책을 쓰고 있다는 것이다.

도전은 무서운 힘을 가지고 있다. 무에서 유를 만드는 힘이다. 필자는 《1% 도전의 행복! 챌린지》를 매일 읽는다. '왜 자신이 쓴 책을 매일 읽을까?' 의문이 들기도 하겠지만, 이유는 도전이 주는 행복을 얼마나 지속하고 있는지를 스스로 확인하며 점검하기 위해서다. 그로 인해 바쁜 인생을 살고 있다. 그리고 행복하다. 또한, 새로운 도전들을 계획하며, 하고 싶은 것은 나의 도전 목록에 기록하며 상상한다. "믿음은 바라는 것들의 실상이요"라는 성경 말씀처럼 할 수 있다는 믿음과 상상력으로 남은 인생 후반전을 바쁘고 행복하게 살아가고 있다.

지금은 100세 시대를 넘어 120세를 살 수 있다고 한다. 이것은 축복이 될 수도 있고 저주가 될 수도 있다. 선택은 자신에게 달려있다고 생각한다. 무엇을 하며 어떻게 살아갈 것인가를 고민해야 할 것이다. 젊음과 건강이 항상 옆에 있지 않다는 것을 알고 있다면 자신이 가지 유산 하나쯤은 남길 준비를 해야 한다. 필자는 액티브 시니어 60의 기술이라는 책을 집필하면서 남은 시간을 어떻게 활용할 것인가를 여러 가지로 생각하는 시간이 되었다. 젊은 세대부터 노년에 이르기까지 인생 기술을 익히면서 60을 맞이해야 한다. 도전도 젊어서부터 해야 한다. 그래야 액티브 시니어로 인생을 즐길 수 있다.

필자는 늦은 나이에 도전을 통한 인생의 즐거움을 알게 되었다. 지난 시간이 아쉬움으로 남아있긴 하지만 지금이 가장 젊고 도전할 수 있는 가장 이른 시간이라는 것을 알게 된 후 시간이 주어지면 곧바로 시작을 하고 있다.

이 책을 읽고 있는 당신의 앞날에 무한한 가능성이 펼쳐져 있다는 것을 꼭 기억 바라면서 인생을 조금이라도 먼저 살아본 경험으로 몇 가지를 이야기하고 싶다.

첫째, 나이는 단지 숫자에 불과하다. 늦은 나이에 카약을 타고, 프리다이빙을 하기 위해 자격증에 도전해 합격, 매일 자전거를 타면서 책을 쓰고 있다는 사실이 이를 증명하고 있다. 또한, 생활 스포츠 지도사 자격증에 도전하여 합격, 요트를 운전하기 위해 동력수상레저기구 조종면허증 소지자가 되었다. 꿈과 열정

앞에 여러분의 나이가 장애물이 되지 않기를 바란다.

둘째, 끊임없이 도전하라. 편안함의 함정에 빠지지 마라. 새로운 것을 배우고 경험할 때 가장 생동감 있게 살아갈 수 있다. 저는 지금도 어려운 도전을 하고 있다. 물 위에 서서 마음대로 다닐 수 있는 제트 서프에 도전하고 있다. 누군가 바다 위에서 타는 것을 보고 반한 후 실행으로 옮겼다. 지금은 배우는 중이지만, 내년에는 아마도 멋있는 자세로 즐길 것이다. 늦은 나이라고 지인들은 반대하고 있지만, 또 하나의 도전은 나를 설렘으로 가슴 뛰게 하고 있다.

셋째, 실패를 두려워하지 말자. 실패는 성공으로 가는 징검다리이다. 인생에서 가장 값진 교훈들은 실패로부터 얻는다. 실패했을 때 좌절하지 말고, 그것을 배움의 기회로 삼는다면 언젠가는 꼭 성공의 기쁨을 알게 될 것이다. 필자는 k1 스프린트 선수용 카약을 타기 위하여 물속에 약 700번가량 빠졌다. 사람마다 다르지만, 젊은 친구들도 도전하기 어려운 종목이다. 실패 후 포기하지 않은 덕분에 지금은 빠지지 않고 타고 있다. k1을 탈 때마다 지난 시간이 떠오르면 혼자 미소를 짓고 있다. 그것이 제2의 인생을 살게 하는 원동력이 되어 지금도 도전하며 인생을 즐길 수 있는 이정표의 역할을 하고 있다.

넷째, 건강을 소중히 여겨야 한다. 건강이 무너지면 아무것도 할 수 없다. 그래서 젊었을 때부터 건강한 습관을 갖는 것이 중요하다. 규칙적인 운동, 균형 잡힌 식단, 충분한 휴식은 미래를 위한 최고의 투자와 액티브 시니어로 살아갈 수 있는 수단이 된다는 것을 명심해야 한다.

다섯 번째, 인간관계를 소중히 여겨야 한다. 가족, 친구, 동료들과의 관계는 인생에서 가장 큰 재산이다. 바쁜 일상 속에서 소중한 사람들과 시간을 보내는 것은 또 하나의 휴식과 즐거움이 된다.

여섯 번째, 평생 학습자가 되어야 한다. 세상은 빠르게 변하고 있다. 새로운 것을 배움에 열린 마음을 가지고, 하고 싶은 것을 위해서는 배워야 한다. 세상은 넓고 할 일은 많은 것처럼, 100세를 살아가는 인생길에 할 일들은 많다. 즐겁고, 멋있게, 살기 위해서라도 학습자가 되어야 한다.

마지막으로, 자신만의 이야기를 만들기 바란다. 남들의 기준에 맞추려 하지 말고, 각자의 인생은 세상에서 단 하나뿐인 자신만의 소중한 이야기이기 때문이다.

이 책을 통해 여러분께 조금이나마 도움과 영감을 줄 수 있기 바라는 마음이다. 미래를 두려워하지 말고 자신의 꿈을 향해 힘차게 나아가는 당신이 되길 바라면서, 당신의 이야기야말로 세상을 더욱 아름답게 만들 것이라 믿는다. 부디 당신의 이야기가 담긴 책 한 권을 최고의 유산으로 남기기를 바라며, 행복을 담아 사랑을 전한다.

Prologue

인생의 모든 경쟁자가 없는 나이가 되니…

우리 곁에 영원히 있어 힘들게 할 것 같은 더위도 이제 내년을 약속하며 떠나고 있다. 나 또한 끝이 없을 것 같은 책 집필도 어느덧 마무리되고 있다. 그렇듯 시간은 계속해서 흐르고 있다. 누구에게나 똑같이 주어진 것은 시간과 죽음이다. 이것은 각자에게 주어진 공평한 선물이다.

성경 말씀에 달란트 비유가 있다. 한 주인이 세 명의 종에게 각각 한 달란트, 두 달란트 다섯 달란트를 각각 나누어주었다. 그리고 후일에 주인이 돌아와 결산하는 장면이 나온다. 나는 늘 마음속에 다섯 달란트를 받고 열 달란트를 남기어 칭찬받은 사람처럼 살고자 하는 태도로 살았다. 태어날 때 하루 24시간, 1년 365이라는 선물은 누구나 똑같이 같고 태어난다. 주어진 공평한 이 시간을 살아가면서 후에는 죽음을 맞을 준비를 한다. 그리고 죽음 앞에서 우리의 인생을 결산할 때가 오는 것 또한 분명한 사실이다.

　지금은 100세 시대를 넘어 120세 시대를 바라본다고 한다. 2024년 10월 1일 자 연합뉴스 자료에 보면, 지미 카터 미국 전 대통령께서 100세를 맞이했다는 소식이 있었다. 이제는 장례식장에 조문하게 되면 90이 넘은 분들이 많다. 말로만 듣던 100세가 아니라, 우리도 100세를 살기 위해서는 준비할 것이 너무 많아졌다.
　'유비무환'이라는 사자성어가 있다. 젊었을 때 준비하는 자가 되어 나그네 같은 인생 멋있게 살아가 보자.

　돌이켜 보면 "세월이 유수와 같다"는 말이 실감이 난다. 젊은 시절부터 마라톤 선수처럼 앞만 보고 달렸던 지난 시간이 약간은 후회 반 미련 반이 되어 나에게 다가온다. 그래서 '슬로 에이징 에이지'라는 책을 집필하게 되었다. 이 책을 읽는 사람이라면 좀 더 후회하지 않는 나은 내일을 살기를 바라는 마음이다.

　지나온 세월을 돌아보니 지난 시간은 경쟁이라는 굴레에서 벗어나지 못했다. 학원을 운영하면서, 직장을 다니면서, 가족과 소중한 시간을 놓치기도 했고, 건강도 돌보지 못했다. 하지만 지금 생각해 보면, 그 모든 경쟁이 과연 필요했을까 하는 의문이들기도 한다.

다시금 생각해 보니 이제는 나와 경쟁할 사람이 없다는 것을 알게 되었다. 경쟁할 필요가 없어졌다는 것이다. 오직 경쟁자는 바로 '어제의 나와 오늘의 나'뿐이다. 지금은 젊었을 때 못다 한 일을 하기 시작했다. 여행을 다니기 시작했고, 취미로 카약, 탁구, 스케이트, 수영, 프리다이빙, 자전거로 건강을 위해 스포츠를 즐겼다.

또한 자격증에 도전했다. 생활 스포츠 지도사 자격증, 프리다이빙 자격증, 요트 조종 면허증 등이 있다. 처음에는 모든 것이 서툴렀지만 점차 나아지는 것을 느꼈다. 이 과정에서 깨달은 것은 남들과 비교하며 살아가는 것이 아니라 어제보다 나은 오늘의 나를 만드는 것이 진정한 성장인 것을 알게 되었다.

이 나이가 되니 다른 사람의 시선이나 평가에 연연하지 않게 되었다. 대신 자신과의 대화에 더 집중하게 되었고, 진정으로 내가 원하는 것이 무엇인지 깊이 성찰하게 되었다. 그리고 더 중요한 것은 그 과정에서 새로운 자유를 발견하게 되었다는 것이다.

이제 우리는 자신만의 속도로 살아갈 수 있다. 때로는 빠르게 때로는 천천히, 그리고 때로는 잠시 멈춰서 주변을 돌아볼 수 있는 여유도 생겼다. 클럽 활동으로 세대 간의 격차도 좁아졌다.

물론 나이가 들면서 겪게 되는 신체적, 정신적 변화들이 있다. 그러나 그 변화를 통해 더욱 풍요로운 삶을 만들어 간다. '액티브 시니어'라는 말은 단순히 활동적인 노년을 보낸다는 의미를 넘어, 자신만의 방식으로 삶을 주도적으로 이끌어가는 것을 말한다. 우리는 이제 진정한 의미의 액티브 시니어로 살아갈 준비를 해야 한다.

경쟁자 없는 60대 이후 비로소 자신만의 인생을 온전히 살아갈 수 있게 된다. 이제 남은 것은 우리가 어떤 삶을 선택하느냐에 달려 있다. 어떤 가치를 추구할 것인가는 오직 내 선택에 달려 있다. 경쟁 없는 자유로운 삶, 그 속에서 진정한 행복을 찾는 여정을 시작해 보자.

마지막으로 스스로 자신을 독립시킬 줄 알아야 한다. 누군가가 해줄 거라는 미련한 생각은 버려야 한다. 마음도 육신도 생각도 행동도 독립할 때 진정한 자유를 느끼며 행복하게 살 수 있다. 누군가가 나에게 질문했다.
"어느 때가 가장 행복했습니까?"
나의 대답은 당연히 "지금이 가장 행복합니다."이다.
행복하다. 자유로운 몸, 생각, 행동, 누구도 나에게 지시하거나 말하는 사람이 없다. 하고 싶었던 것들을 하나씩 하면서 앞으로 남은 시간의 소중함을 가치 있고 행복하게 살 것을 계획하며 생활하면 된다.

경쟁자 없는 나이가 되어보니 모두가 아름답고 사랑스럽다. 모든 것에 감사할 뿐이다.

글을 마치면서 평생 내 가슴 깊이 새기며 인생의 고비마다 꺼내어 암송했던 서정주 시인의 〈국화 옆에서〉라는 시를 암송하며 지나간 시간을 회상해 본다.

〈국화 옆에서〉
                    - 서정주

한 송이의 국화꽃을 피우기 위해
봄부터 소쩍새는
그렇게 울었나 보다.

한 송이의 국화꽃을 피우기 위해
천둥은 먹구름 속에서
또 그렇게 울었나 보다.

그립고 아쉬움에 가슴 조이던
머언 먼 젊음의 뒤안길에서
인제는 돌아와 거울 앞에 선

내 누님같이 생긴 꽃이여

노오란 네 꽃잎이 피려고
간밤에 무서리가 저리 내리고
내게는 잠도 오지 않았나 보다.

   인생의 모든 것이 경쟁이었던 지난 시간이 아름답게 꽃들을
피우기 위한 시간이었다면, 이제는 경쟁자도, 경쟁할 것도, 없는
세월 속에서 각자의 인생의 꽃들을 피워 보자. 자신이 만들어 갈
아름다운 인생의 정원을 생각하며….

2024년 12월에

이 은 진 올림

직장인이
직업인으로
살아가는 방법

인생 리셋

김형중 지음 | 19,500원

호모 헌드레드 시대, 당신의 인생 2막을 준비하라
창직의 시대, 나의 가치 밸류 업 노하우!

이제 대한민국은 저성장 시대로 접어들었다. 저성장이 가져다주는 신호는 우
리에게 분명하다. 직장인으로서 나의 여건을 냉철하게 재점검하고, 내 인생의
포트폴리오를 만들어가야 한다. 퇴직 이후의 시간은 너무나도 길다. 현재 나의
직장생활만을 안위하면서 살아가는 것은 너무나도 안타까운 일이다. 우리의
삶을 건강하고, 가치 있고, 지속가능하게 가져가야 할 것이다. 이를 위해 이 책
《인생 리셋》이 당신의 삶에 시금석이 되어 줄 것이다. 은퇴라는 강줄기의 끝
에는 새로운 미래가 자리잡고 있다. 《인생 리셋》을 통해 당신의 더 큰 미래를
열어보자!

퇴직 전
30억 만들기
프로젝트

직장인 불로소득

홍주하 지음 | 19,800원

《직장인 불로소득》으로 퇴직 전 30억 만들기,
투기가 아닌, 투자를 하면 얼마든지 가능하다

이 책 《직장인 불로소득》은 부동산, 미국 주식 ETF 등 다양한 재테크 방법을
안내하고 있다. 그리고 이렇게 투자한 시간으로 얻은 불로소득은 직장에서 온
종일 일하며 번 월급보다 더 많은 소득을 벌어줄 것이다. 직장에서 받는 월급
은 내가 노력하는 만큼 보상을 해주지 않는다. 하지만 불로소득은 다행히 내
가 노력한 만큼 소득을 가져다 줄 것이다. 또한, 시간이 갈수록 복리 그래프를
그리며 당신의 자산을 두둑이 불려줄 것이다.

명심하라. 퇴직 전 30억 만들기를 할 수 있느냐, 아니냐는 당신의 선택에 달려
있다. 시작도 하기 전에 스스로 한계를 긋지 말기 바란다. 이 책 《직장인 불로
소득》은 독자들을 통해 여유롭고 풍요로운 노후로 이끌어 줄 것이다.

초필사력

이광호 지음 | 19,500원

**읽고 적고 생각하고 실천하라!
필사의 기적이 당신의 삶에 또다른 문을 열어줄 것이다!**

필사는 행동력을 높여준다. 필사 노트에는 책 내용뿐만 아니라 생각, 감정, 지식, 계획…, 머릿속에 일어나는 중요한 아이디어를 모두 담을 수 있다. 자극받았을 때 바로 행동할 수 있도록 노트에 실행 계획을 바로 세울 수도 있다. 필사할수록 기록이 생활화된다. 기록은 기획, 실행, 성과, 수정에 이르기까지 모든 행동을 눈으로 확인할 수 있게 해준다. 나를 측정하고 개선을 돕는다. 그래서 필사는 기록하는 습관을 통해 실천력을 키워준다. 누구나 행동하면 자기 이름으로 살아갈 수 있는 시대다. 당신이 어디에서 무엇을 하든 어제는 운명이고, 내일은 선택이며, 오늘은 기회라는 것을 기억했으면 좋겠다. 기회가 왔다. 자, 이제 필사의 세계로 함께 떠나보자.

파워 루틴핏

정세연 지음 | 19,500원

**파워루틴이 당신의 삶에
변화와 행복의 실행력을 불어넣을 것이다!**

파워 루틴은 일상 속의 공식이자 실제적인 액션플랜이다. 루틴으로 탄탄해진 일상은 실력이 되고 성과로 나타난다. 남들과는 다른 탁월함이 되어준다. 일을 할 때도, 돈을 모을 때도, 건강을 챙길 때도 루틴 공식은 필요하다.
이 책은 공기업에서 17년 차 여자 차장으로 쌓아온 정세연 저자의 내공과 지혜, 경험을 온전히 녹여냈다. 행복해지고 싶고, 이제는 좀 달라지고 싶지만, 어디서부터 어떻게 시작해야 할지 모르겠다면, 파워 루틴핏으로 오늘이라는 계단을 올라보길 바란다. 한 번에 한 계단씩 천천히 행복하게 오를 수 있도록 파워 루틴 코치인 저자가 도와줄 것이다. 일상 속 사소하지만 중요한 고민들의 해답을 얻길 바라며, 이제 함께 파워 루틴핏을 시작해보자.